本成果由北京市教育委员会科学研
（SZ202211232024）

经济管理学术文库·管理类

数字经济背景下员工非理性内部竞争行为影响因素研究

Research on Influencing Factors of Irrational
Internal Competitive Behavior of
Employees in the Context of the Digital Economy

廉串德　王垚　杨柳／著

经济管理出版社
ECONOMY & MANAGEMENT PUBLISHING HOUSE

图书在版编目（CIP）数据

数字经济背景下员工非理性内部竞争行为影响因素研究 ／ 廉串德等著． -- 北京 ： 经济管理出版社，2024.

ISBN 978-7-5243-0117-2

Ⅰ．F272.923

中国国家版本馆 CIP 数据核字第 20241W27V7 号

组稿编辑：杨　雪
责任编辑：杨　雪
助理编辑：付姝怡
责任印制：许　艳
责任校对：王淑卿

出版发行：经济管理出版社
　　　　　（北京市海淀区北蜂窝 8 号中雅大厦 A 座 11 层　100038）
网　　址：www.E-mp.com.cn
电　　话：（010）51915602
印　　刷：唐山玺诚印务有限公司
经　　销：新华书店
开　　本：720mm×1000mm/16
印　　张：11.5
字　　数：200 千字
版　　次：2024 年 12 月第 1 版　　2024 年 12 月第 1 次印刷
书　　号：ISBN 978-7-5243-0117-2
定　　价：88.00 元

目　录

第 10 章　基于员工激励模型的非理性内部竞争行为改善路径

第1章 绪论

1.1 研究背景

"加快发展数字经济，促进数字经济和实体经济深度融合，打造具有国际竞争力的数字产业集群"，党的二十大报告深刻阐明了数字经济在党和国家事业全局中的重要战略地位。数字经济作为推动中国经济发展的新引擎，其发展规模不断壮大。《中国数字经济发展研究报告（2023 年）》指出，2022 年，中国数字经济规模已达到 50.2 万亿元，规模总量居世界第二，占国内生产总值的 41.5%。以信息网络技术为支撑的数字经济呈现的增长态势表明了中国已经迈向数字经济时代（司小飞和李麦收，2022），数字经济已成为发展新质生产力、推动经济高质量发展的重要驱动力。数字经济的快速发展不仅会对就业结构以及就业质量等宏观层面产生巨大变革，还会在微观层面上对个体的职业发展带来深远影响。

数字经济对个体职业发展的影响主要体现在两方面：一方面，数字技术的发展加速劳动工具的智能化，3D 打印、数控机床、智能机器人等各类智能化、自动化的新型装备快速涌现（王微等，2022）。劳动工具的智能化为企业和员工提供了更加快捷便利的工作方式，极大提升了工作效率。除此之外，这些数字技术的发展也激发出新兴的职位需求，拓展了员工的职业发展路径。另一方面，数字经济的发展对当前就业带来了一定的挑战。数字经济在创造就业机会的同时也在产生替代效应；数字技术在不断提升工作效率的同时，也会减少就业市场对劳动力的需求。在众多行业中，制造业受数字化浪潮的冲击尤为显著，吸纳就业的能力遭受大幅冲击，呈现下降趋势。同时，这种冲击的影响领域在逐渐扩大，以建筑、零售及个人服务领域等为首的行业亦无法幸免，就业市场受到数字技术发展带来的负面影响。从长期来看，我们持有乐观态度，但短期内，技术性失业所带来的结构性和摩擦性失业问题仍不可避免。除此之外，数字技术还会带来就业极化和收入极化问题。国内外相关研究表明，高端技能的劳动者数量，如高端研究或分析性职位不断增加；低端技能的劳动者数量，如数据标记员等也可能不断增加；而中端技能的劳动力数量则有可能大幅度减少。相较就业极化现象，收入极化问题更值得深入探究。相关研究表明，人工智能技术的推广和深入应用将进一步加剧不同技能要求岗位间的收入不平等现象。具体而言，工业机器人的使用在一定程度上促进了高技能工人、中技能工人工资水平的提升，而对低技能工人则产生负面影响，从而导致工资极化现象的出现。综合来看，数字经济的发展在给员工带来积极影响的同时会带来许多意想不到的冲击。而通常来讲，这些外部数字经济大环境对个人就业产生的影响更多的是通过工作场所事件的刺激而具体作用于个体的职业行为，并产生相应的反应，这些刺激迫使个体不得不重新思考当前的职业状态，甚至产生改变职业决策的想法（冯晋等，2021），即数字经济对个体产生的影响部分会以职业冲击事件的形式发挥作用。而与普通职业冲击事件不同的是，数字经济背景下的职业冲击事件会更加侧重于数字经济发展带给员工个体的冲击，包括企业数字化转型、劳动工具智能化以及信息技术的快速发展等引发的各类职业事件，员工个体职业发展因这些事件冲击而产生改变。而在这其中，产生消极作用的职业冲击事件在所难免，个体对其知觉也更敏感，有可能对个体常规工作造成干扰，影响个体的职业行为和工作行为。而个体作为社会的重要组成部分，其工作行为和职业发展最终会影响企业甚至社会整体的发展，因此，有必要探究这部分职业冲击事件对员工的作用机制。本书主要基于数字经济背景下发生的、会对员工产生消极作用的职业冲击事件，来了解当前发展阶段下数字经济对微观个体产生的具体影响。

此外，目前来看，数字经济带来的替代效应相较创造效应的影响更为明显，即就业市场竞争越发激烈，行业内卷加重，非理性内部竞争（本书中的"非理性内部竞争"主要指"内卷"，两者含义相同）现象层出不穷，工作场所下的内卷导致工作流程过度精细化，员工处于程序化作业的氛围与流水化作业的模式之中（杨均和马均，2021）。在这种环境下，组织成员更倾向于关注单项工作的简单重复，工作重心逐渐从"质"转向"量"，组织内部竞争流于形式，员工个体工作绩效并未得到提升。同时，在外部资源有限的情况下，尽管组织成员之间竞争不断加剧，但获得的实质利益并没有随之提升。这种内耗式的竞争极易导致员工的工作耗竭，严重阻碍了员工个体的职业发展（杨滢莹，2023）。在这样的背景下，企业的整体经营环境也会遭受影响，呈现被动的态势。这种企业内部工作的混乱不仅会影响企业的生存和发展，还可能会对整个行业的竞争格局产生不良影响。尤其是随着数字经济背景下生产率提高引致劳动力需求减少、智能技术创新应用引致"机器换人"和产业结构变革引致技术性失业等负面影响加深，员工经历的负面冲击事件更加多样化，导致社会竞争也更加激烈，个体的需求与有限的社会资源之间的矛盾加剧，无数个体不断试图改变职业发展现状，期望通过竞争获取更多资源来改善这种局面，在此过程中，内卷程度会得到进一步强化。因此探究职业冲击事件与非理性内部竞争之间的具体作用机制对于改善员工管理、提升工作绩效、促进企业平稳发展具有重要意义。

除上述我们提到的职业冲击事件，在数字经济快速发展过程中，还会存在其他各方面因素的影响。例如，从员工个人层面来讲，其对企业文化的认同、员工个人能力、工作时长以及工作幸福感和工作满意度等也会随着外部信息技术的快速发展产生变化，进而对员工职业行为产生影响。对于员工个体而言，一方面，员工的心理状态会对个体的职业发展产生深远影响。例如工作满意度高的员工，其工作绩效往往相较满意度低的员工要高些，同时，工作绩效较高的员工会产生较高的工作满意度；企业文化认同和幸福感等变量同样如此，员工的这些心理状态变化会不断对员工职业行为产生影响。而非理性内部竞争行为作为一种非理性职业行为，必然会受到如工作满意度、企业文化认同、幸福感等心理变量的影响，员工的心理状态也会反过来受到非理性内部竞争等职业行为的影响。另一方面，员工个体的工作能力、工作时长等外部因素也会对职业行为产生影响。高工作能力员工相较低工作能力的员工能够更为有效地完成各类工作任务，解决复杂问题，取得有效成就；但与此同时，高工作能力的员工在工作期间也可能会因为不甘落后而不断加大工作投入，甚至不惜牺牲个人时间和健康来维持或提升自己的竞争力，产生非理性内部竞争行为。而从员工的工作时长看，延时工作与非理性内部竞争基本上会同时出现。谈到非理性内部竞争，人们最多想到的就是工作时长问题，这两者之间存在明显的关系。而除了与员工个体相关的因素外，所在组织的内部机制也会对这些非理性内部竞争行为产生重要影响。综上所述，不论是员工个人层面抑或是组织层面都存在非理性内部竞争相关联的变量，从员工和组织层面探究各类变量与非理性内部竞争的具体作用机制有助于我们站在更加全面的角度上思考问题，从本质上缓解非理性内部竞争可能存在的负面影响，或者避免非理性内部竞争这种消极职业行为的发生。

当前，稳就业已成为"六稳"和"六保"的首要目标（沈国兵等，2021）。2021 年，国务院发布的《"十四五"就业促进规划》明确指出，要落实就业优先战略，强化就业优先政策，推动形成高质量发展与就业扩容提质互促共进的良性循环。推动高质量就业是推动当前社会稳定发展的重要保障。在全球劳动力市场日趋复杂和数字经济快速发展的背景之下，如何应对各类职业冲击事件的发生？如何提升员工应对外来突发事件的能力？目前较受关注的非理性内部竞争问题影响因素有哪些？如何避免各类问题对非理性内部竞争的刺激？如何破解员工工作非理性内部竞争现象？如何缓解员工非理性内部竞争带来的负面影响？这一系列问题，成为现代企业以及学术界关注的焦点。

因此，探索数字背景下工作非理性内部竞争的影响机制对于个体更好地应对职业发展问题，对于企业缓解当前的员工非理性内部竞争、支持国家就业优先战略，对于社会整体提升就业质量具有重要意义。

1.2　研究意义

1.2.1　理论意义

第一，本书丰富了职业冲击事件的结果变量的研究。通过对以往冲击事件相关文献的归纳与总结，发现当前对于职业冲击事件的研究已经从离职领域延伸至职业发展领域，但是与员工在工作场所的行为态度结合较少，职业冲击事件对员工工作态度行为的影响有待进一步挖掘。本书主要基于情绪 ABC 理论、情感事件理论重点关注职业冲击事件对非理性内部竞争行为的影响机制，创造性地将职业冲击事件与工作内卷结合起来，探讨职业冲击事件对工作内卷的影响机制，丰富职业冲击事件的研究领域。

第二，丰富了工作内卷的相关研究。通过文献回顾发现，关于工作内卷的研究主要停留在理论概述层面，对于内卷的内在结构与维度讨论与研究较少，相应的实证研究也较少，仅有少数学者对内卷进行归类，但是缺乏对工作内卷的维度划分和理论建构，有关内卷的前因变量研究也较少。基于此，本书在总结国内外研究的基础上，厘清了工作内卷的概念、特点，运用扎根理论探索了工作内卷的结构维度，从工作内卷的行为、情绪和认知出发对其进行结构建设，并以此为基础开发出内卷的 16 题项测量量表，进一步拓展了工作内卷的相关研究，为进一步破解工作内卷问题提供了新思路。除此之外，深入探讨企业文化认同、工作能力、工作时长与工作内卷关系有助于为理解职场的内卷化提供新的视角，丰富和完善现有的理论模型，深化组织行为学领域对员工工作动机、工作态度和行为模式的理解，特别是有助于提高对组织文化认同与员工工作能力等方面对职场内卷产生何种影响的理解。本书可以拓宽职场内卷化理论的研究范围，将其用于研究职场问题背后深层次的原因，对于补充人力资源管理角度的实践应用具有深远意义。

第三，深化了工作内卷影响因素的认识。选择员工工作不安全感和强迫型工作激情作为中介变量，构建并检验了解释职业冲击事件与员工工作内卷之间关系的双路径模型，有助于完善职业冲击和内卷的影响研究。除此之外，本书从管理实践出发，考虑组织情境的影响，引入员工心理韧性和工作投入作为调节变量，探索在员工心理韧性和工作投入的影响下，职业冲击事件对企业员工工作内卷产生的影响效应的变化，进一步丰富工作内卷研究中的因素变量。心理韧性和工作投入分别调节两个中介变量全面地解释职业冲击事件对个体工作内卷产生的影响机制。

第四，丰富了组织激励的相关研究。本书结合员工激励和工作满意度因素对工作内卷行为进行研究，将组织激励与工作内卷结合起来，深入探究激励与内卷存在的深层关系，并从公司研发部门实际出发，以工作内卷问题为切入点，基于员工激励模型提出了针对不同类型的工作内卷的改善路径和针对工作内卷现实表现提出的管理对策建议，旨在减轻员工工作内卷程度，提高员工工作满意度和绩效表现，进一步拓展了组织激励的相关研究。

1.2.2　现实意义

第一，本书为员工如何正确应对职业冲击事件提供借鉴。不同的员工在面对同一件冲击事件时会有不同的反应，所采取的行为也不相同，有的人经历冲击事件后会快速反应，及时调整自我发展状态，推动个体职业不断发展；而有的人经历冲击事件后却没有正确应对，无法正确规划自己的职业生涯发展路径，陷入自我发展困境，逐渐走向内卷。职业冲击事件可能会改变员工当前的职业发展路径，影响员工职业发展路线，而且随着时间的变化，冲击事件的变化可能也会随之改变，重要的是企业员工该以何种姿态来应对冲击事件带来的一系列影响。基于此，本书结合企业员工的实际情况探究职业冲击事件与员工工作内卷的关系，为员工更好地应对职业冲击事件、避免陷入内卷困境提供思路。

第二，本书为缓解非理性内部竞争（内卷）行为困境，促进个体的职业发展提供借鉴。内卷的影响因素有很多，本研究主要聚焦于数字经济背景下员工身边的冲击事件、员工的心理状态和能力以及组织激励模式等，探究这些因素与内卷之间的关系。对个人来说，"内卷"表现为个体在学习、工作和生活中投入更多的时间和精力，却未能获得相应的收益，形成了一种无效努力的状态，这种状态逐渐放大人们对于未来的迷茫和困惑，激化人们的焦虑。随着内卷现象的加剧，这种个体焦虑情绪越发激烈，对个体的心理健康和职业发展产生了负面影响。深入剖析内卷现象背后的内在机制，探究工作内卷背后的影响因素，有针对性地提出相应的管理建议，对于推动个体职业发展，帮助个体保持正确的工作心态，改善内卷带来的负面影响，缓解工作压力以及焦虑情绪，提高工作幸福感和工作满意度具有重要意义。

第三，本书为个体树立合理的心理认知，改善心理状态和工作能力提供理论支持。在工作中，员工个体内部心理状态变化和外部行为表现都会对职业结果产生影响。不同的心理状态和行为表现可能会带来不同的工作结果。因此本书重点引入企业文化认同感、幸福感、工作满意度、工作能力、工作时长等变量，通过研究员工企业文化认同感、工作能力、幸福感和工作满意度以及工作时长等与内卷之间的内在联系，可以充分反映出当前员工在面临内卷问题时可能存在的心理认知偏差与工作能力不足等问题。基于此，我们可以进一步从源头改变员工个体的心理偏差，为员工树立正确的心理认知，提高个体工作能力和工作绩效，实现员工的全面科学发展开发新视角。

第四，本书为构建健康有序的组织环境提供新视角。伴随着信息技术的快速发展，个体所处的发展环境不断变化，个体职业发展也在不断面临各种问题的冲击，组织环境氛围开始呈现不同的发展路径。一个健康、向上的工作氛围是组织持续发展的基石。然而，非理性内部竞争（内卷）的出现使当代人承受了过度竞争的沉重负担，这种负担伴随着时间的推移而逐渐增加，当达到一定阈值后就会从员工个体蔓延至整个企业，不利于企业的健康发展。因此，解决非理性内部竞争（内卷）问题显得尤为迫切。对非理性内部竞争（内卷）问题的结构和各类可能存在的影响因素的研究有助于我们对症下药，为组织的科学管理和健康发展提供新的视角和思路。

1.3　研究内容与创新点

1.3.1　研究内容

为了揭示数字经济背景下职业冲击事件对企业员工工作内卷的影响机制，本书主要有七个方面的内容：

第一，工作内卷维度构建与量表开发和验证。本部分主要基于扎根理论，在对工作内卷已有的相关研究成果的基础上进行梳理总结，对企业员工和管理者进行结构访谈。根据文献资料和访谈结果进行数据处理，构建出工作内卷的维度模型，并以此为基础，结合相关研究进一步开发工作内卷的测量工具，形成工作内卷量表，并对其进行预调研和正式调研来检验所开发量表的信效度和量表质量，研究符合中国背景的工作内卷测量工具，为后续研究数字经济背景下职业冲击事件与工作内卷的关系奠定基础。

第二，数字经济背景下职业冲击事件与员工工作内卷之间关系的理论模型构建。首先，本书通过梳理总结相关变量的研究成果并结合情感事件理论和情绪ABC理论构建数字经济背景下职业冲击事件对员工工作内卷的影响机制模型。在职业冲击事件与工作内卷的关系研究中引入了工作不安全感和强迫型工作激情两个变量作为中介，探究了职业冲击事件影响工作内卷的两条路径，并在此基础上引入了员工心理韧性和工作投入变量作为两条路径的调节变量，探究具有不同心理韧性和工作投入水平的员工在职业冲击事件影响工作内卷的程度上是否存在差异。其次，提出研究模型和研究假设。最后，基于假设展开了数字经济背景下职业冲击事件对员工工作内卷的双中介影响路径检验。本部分主要采用问卷调查法，选取合适的测量工具对企业员工进行问卷调查，并结合数据结果对提出的研究假设进行检验。假设检验部分主要借助SPSS26.0、AMOS等统计学分析软件对数据进行分析处理，包括共同方法偏差的检验、验证性因子分析和相关性分析以及回归分析，并着重通过回归分析验证数字经济背景下职业冲击事件对员工工作内卷的主效应，以及工作不安全感和强迫型工作激情的双中介效应，探究职业冲击事件是否会通过工作不安全感和强迫型工作激情来对工作内卷产生影响。然后，本部分进一步检验了员工心理韧性和工作投入的调节效应。在对职业冲击事件作用于员工工作内卷的双中介路径完成检验后，对引入的员工心理韧性和工作投入变量的调节作用进行验证，借助SPSS26.0等统计学分析软件检验员工心理韧性和工作投入的调节效应，包括检验有调节的中介作用。

第三，企业文化认同、工作能力与非理性内部竞争行为的关系研究。本部分主要借助对国内外有关企业文化认同、工作能力、职场内卷的文献梳理，了解最新研究进展和存在的不足，并以此为基础提出研究问题、假设与理论模型，旨在对企业文化认同、工作能力与职场内卷的关系进行深入的研究。通过对在职群体发放调查问卷，对数据进行统计分析，得出科学结论，深入探究企业文化认同、工作能力与职场内卷的关系机制以及哪些人口统计学变量会影响员工的职场内卷化水平；对职场内卷的预防进行干预，分别从企业角度和个人角度提出有效的对策建议。

第四，企业员工的非理性内部竞争行为和工作时长研究。本部分主要重点研究互联网企业员工的内卷现象，通过调查互联网行业劳动者们的工作时间，并对相关数据进行研究分析，从内卷的认知维度、行为维度、情绪维度三个维度进行研究分析，研究工作时长与工作内卷的关系。本部分主要参考了以往的测量问卷，编制出合理的调查问卷。并且对此展开实证研究，对收集到的数据样本进行描述性统计分析、信度分析、效度分析、相关性分析和单因素方差分析等工作，并汇总各假设检验的结果，检验假设是否成立。在本部分的最后，对本次研究的结果进行了总结，并以此为基础，对互联网企业的管理方式提出了一些建议。

第五，企业转型背景下员工非理性内部竞争行为对幸福感的影响研究。本部分重点对某企业展开研究，探讨在转型背景下员工内卷对幸福感的影响，内卷对幸福感是否存在一定的关系以及两者的影响机制是怎样的。首先，对国内外的研究现状进行总结，对工作内卷、幸福感的相关理论进行了梳理与述评；对企业的组织变革、人力资源管理制度以及出现的人力资源管理的问题进行分析研究。其次，通过实证调查，设计问卷并发布，主要对收集的问卷数据样本进行描述性统计分析、信效度分析、单因素方差分析以及相关性分析。最后，总结相关研究结论，回归实践，依据研究结论提出相应的应对策略。

第六，基于员工激励模型的公司研发部门非理性内部竞争行为改善路径研究。本部分主要以公司研发部门员工工作内卷问题为切入点，运用员工激励模型，分析员工激励、工作满意度对工作内卷的影响，进一步分析工作内卷成因，并根据不同类型工作内卷的特点及原因，提出有针对性的工作内卷改善路径及其管理对策和建议。

第七，针对研究结论提出相关管理建议。在完成对职业冲击事件与工作内卷模型的检验后，根据相关研究结论，提出有针对性的管理建议，引导员工对职业冲击事件树立正确的认知，从而正确应对职业冲击事件带来的负面影响；引导企业关注数字经济背景下职业冲击事件带来的不利影响以及当前发生工作内卷的员工非理性内部竞争（内卷）问题，为促进员工个体职业生涯发展和组织管理健康稳定运行提供借鉴。

1.3.2　创新点

本书基于扎根理论对工作内卷量表进行开发与验证，基于情绪 ABC 理论、情感事件理论，深入探讨数字经济背景下非理性内部竞争行为的影响因素，主要有以下四个创新点：

第一，本书拓宽了工作内卷的解释框架，开发了中国情景下工作内卷的测量工具。基于扎根理论，对数据进行三级编码处理，得到了员工工作内卷的维度结构，把工作内卷分为内卷认知、内卷行为和内卷情绪三个维度，并在此基础上开发出工作内卷的测量量表。这一研究不仅有助于深入研究员工工作内卷状况，而且为管理心理与行为研究领域提供了新的理论借鉴和实践指导。

第二，本书基于情感事件理论和情绪 ABC 理论创造性地提出了职业冲击事件作用于工作内卷的有调节的双元路径模型。分别引入工作不安全感、强迫型工作激情作为中介变量，首次将职业冲击事件与工作内卷联结起来解释其深层的关系，同时引入员工心理韧性和工作投入作为调节变量来检验这个过程是否会受到个体差异的影响，采用理论加实证的方式分析了数字经济背景下职业冲击事件对员工工作内卷影响机制，弥补了之前职业冲击事件和工作内卷相关研究的不足，进一步丰富和完善了职业冲击事件及工作内卷的相关研究。

第三，本书拓宽了情感事件理论和情绪 ABC 理论的应用范围，将情感事件理论和情绪 ABC 理论应用于工作内卷的相关研究，揭示了职业冲击事件是如何通过影响个体的情感反应、认知、态度等来对工作内卷结果产生影响的，进一步深化了对情感事件理论和情绪 ABC 理论的认识，打开了职业冲击事件与工作内卷之间的"黑匣子"，拓宽了理论的应用范围，为后续研究提供了更为丰富和细致的理论框架。

第四，本书拓宽了工作内卷影响因素的研究。通过五个独立的实证研究，进一步得到了工作内卷多方面的影响因素，包括职业冲击事件、企业文化认同、工作能力、工作时长、工作满意度以及组织激励和幸福感等变量。通过对数据的分析，验证了这些因素与内卷之间的内在关系，并以此为基础提出了相应的管理建议，为进一步缓解工作内卷带来的负面影响以及预防内卷的发生提供了理论借鉴。

1.4 研究方法

本书主要使用以下四种研究方法：

第一，文献分析法。本书基于职业冲击事件、非理性内部竞争行为（内卷）、工作不安全感、强迫型工作激情、工作投入、心理韧性、企业文化认同、工作能力、工作动机、幸福感、工作满意度这些变量的国内外文献，对现有研究成果和可能的未来研究方向进行了总结梳理，结合相关理论构建理论模型，提出相关理论假设。

第二，扎根理论研究法。本书在充分梳理和总结现有文献基础上，采用半结构化访谈的方式，针对工作两年以上的企业员工进行了深入访谈。在此基础上，对工作内卷的内涵以及结构进行剖析，着手开发工作内卷测量量表。在量表形成之初，进行专家访谈，对初始量表题项进行修订和完善，以期为后续研究提供更加准确和可靠的参考。通过这一系列研究，我们期望能够更全面地揭示工作内卷现象的本质，并为相关领域的实践发展做出贡献。

第三，问卷调查法。本书根据对文献的梳理，在专家的严格把控下，基于扎根理论通过质性研究对工作内卷的问卷进行开发与验证，并遴选出最权威的量表对职业冲击事件、工作不安全感、强迫型工作激情、员工心理韧性和工作投入、企业文化认同、满意度等变量进行测量，以保证测量结果的有效性。在量表开发阶段先利用问卷通过预调研进行探索性因子分析，再通过正式调研来进行验证性因子分析。工作内卷的量表开发完成后，将所有变量量表整合为调查问卷，采用发放问卷的方式进行正式的调研，调研方式主要包括线上和线下两种。

第四，实证研究法。本书采用SPSS26.0、Mplus、AMOS等统计分析软件进行相关数据分析，具体包括描述性统计分析、信效度检验、相关分析和回归分析，得出研究结论和研究启示。

1.5 本章小结

本章首先介绍了本书的研究背景，即数字经济大环境如何对个人就业产生影响。通过介绍数字经济背景下工作内卷可能的各类影响因素，提出了本书的研究问题，即数字经济背景下工作内卷的影响因素有哪些以及具体的影响机制是如何展开的。其次，本章还阐述了本书的具体研究内容及研究意义，研究意义重点阐述了该研究的理论意义和现实意义，并从四个方面提出了本书的创新点。最后，本章具体交代了本书的研究方法及技术路线。

第 2 章　文献综述

2.1　职业冲击事件

2.1.1　职业冲击事件的概念

职业冲击事件（Career Shock）最早起源自 Lee 和 Mitchell（1994）所提出的离职展开模型，由模型中的"Shock"概念衍生而来，是指那些能够激发个体产生离职想法的重大事件。在随后的研究中，学者们把这一概念引入职业领域，开始探索由事件驱动的员工职业行为。Seibert 等（2013）将职业冲击事件定义为一个会引发个体对潜在职业转变思考的独特的、有影响的事件。Akkermans 等（2018）对职业冲击事件进行了概念化，并提出了职业冲击可能会对个人职业发展和职业结果产生影响的关键维度；他们认为职业冲击是一种源于个体控制之外的、具有一定破坏性和非寻常性的、能够引发个体对职业生涯的深刻反思与审慎考量的事件。这一定义被后续研究者广泛沿用（Blokker et al.，2019；Modestino et al.，2019）。Slay 等（2006）将职业冲击定义为任何触发考虑的事件，涉及改变一个重要的职业相关行为的前景，如寻求继续教育、改变职业或改变就业地位。国内学者冯晋等（2021）认为职业冲击事件是会触发个体思考当前职业状态，并产生改变职业决策想法的重大冲击事件，其影响可能是积极的、消极的或中立的。

综合以往学者的定义，本书在定义职业冲击事件时主要参考冯晋等的研究，在探究数字经济背景下的职业冲击事件与工作内卷之间的关系时，主要聚焦职业冲击事件中的消极职业冲击事件，即对职业结果产生负面影响的冲击事件。

2.1.2　职业冲击事件的分类与测量

Lee 等（1999）深入探讨了职业冲击事件的可预期或意外、积极或消极、与工作相关或无关三个核心属性。随后，有关冲击事件的分类逐渐得到细化，在众多分类中，最为常见和广泛应用的仍然是按照职业冲击事件对个体产生的影响进行的划分，即积极的职业冲击事件和消极的职业冲击事件（Seibert et al.，2013；Akkermans et al.，2018；Ali et al.，2020）。

积极的职业冲击事件，如晋升或明显的成功、在工作中获得奖项，得到新的工作机会、意外的高级培训的选择等（Seibert et al.，2013；Kraimer et al.，2019；Burton et al.，2010；Holtom et al.，2005），能够提高员工的职业认同感，巩固其在组织及专业领域的身份与荣誉地位。这些积极职业冲击事件会激励组织中的成员，使他们产生积极的情绪，并把这种积极的情绪带入工作中。消极的职业冲击事件包括突然的工作轮换、与同事的冲突、突然降级、配偶转移、重大的意外疾病、符合条件但没有晋升、糟糕的表现评估、离婚以及裁员等。这些消极的职业冲击事件发生之后，会使员工重新评估该事件对自己的工作带来的影响，从而改变当前的职业轨迹（Burton et al.，2010；Holtom et al.，2005）。

在冲击事件的测量方面，定性研究多是通过访谈或开放式问卷的方式，提炼出冲击事件（Ali et al.，2020；Maertz & Kmitta，2012）。通过对现有文献的梳理得出职业冲击事件的测量主要有三种方法：第一种方法探究是否发生职业冲击事件（Lee et al.，1999；Tharenou & Caulfield，2010；Hussain & Deery，2018）；第二种方法将职业冲击事件分为积极职业冲击事件和消极职业冲击事件，并对两类事件的影响程度进行打分（Blokker et al.，2019；Ali et al.，2020；Feng et al.，2019）；第三种方法是通过对个体所经历的事件数量进行加总（Burton et al.，2010；Holtom et al.，2017）。从目前的研究情况来看，第二种测量方法更为常见。

2.1.3 职业冲击事件的相关研究

目前已有大量研究围绕职业冲击事件的影响机制展开，具体如图 2-1 所示，从职业冲击事件的结果变量来看，不仅包括与职业相关的态度、感知变量，还包括职业行为和工作行为变量。

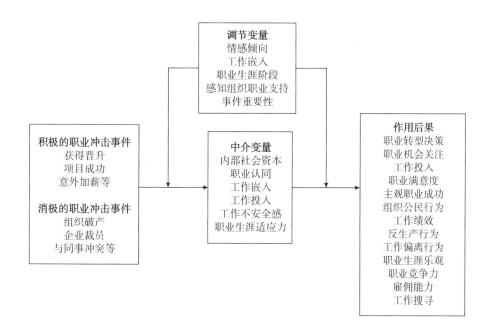

图 2-1 职业冲击事件的研究现状

首先，在态度与感知层面，大量研究表明，职业冲击事件会对职业成功产生显著影响（Seibert et al.，2013；Akkermans et al.，2017）。Hirschi（2010）的研究指出，对较为年轻的群体来讲，机会事件对主观感知到的职业成功表现出更强的影响。同样，职业冲击事件对学者的职业成功也会产生显著影响，Kraimer 等（2019）的研究聚焦于科研人员群体，按照职业阶段划分为职业生涯早期、职业生涯中期和职业生涯晚期三类，结果表明与职业生涯早期的学者相比，职业冲击事件对处于职业生涯中后期学者的投入、薪酬和职业满意度的影响更大。除此之外，还有学者发现职业冲击事件与职业生涯乐观（Hofer et al.，2021）、职业机会关注之间存在一定关联。其次，在职业行为和工作行为层面，研究主要是围绕离职领域展开的，例如 Holtom 等（2005）以离职员工为研究对象，描述了离职决策中冲击事件的性质、内容和作用，发现突发事件或者职业冲击往往是离职的直接原因。这一发现与 Lee 等（2008）对工作机会与离职行为关系的研究相符合，该研究证实了预期外的工作机会对离职行为具有显著的预测效用，占离职行为的 40%。除离职领域，也有学者发现职业冲击事件会对组织公民行为与反生产行为（Burton et al.，2010）、职业决策（Llanos-Contreras et al.，2019）等方面产生一定影响。

综上所述，为探究职业冲击事件对工作内卷的影响机制，本书从职业冲击事件中能够给员工带来消极影响的职业冲击事件出发，认为这类消极职业冲击事件会对员工工作内卷产生影响。进一步，本书将这类职业冲击事件定义为能够引发个体思考当前职业发展状态，并进而产生改变职业决策想法的冲击事件，它对个人职业生涯有潜在的负面影响。

2.2　非理性内部竞争行为

2.2.1　非理性内部竞争的概念

立足于当前研究现状来看，我们现在所提到的非理性内部竞争行为主要指的就是内卷，本书后续的研究主要是基于内卷展开的。

内卷（Involution）一词最早出现在德国哲学家伊曼努尔·康德 1790 年的著作《判断力批判》一书，他将内卷与演进作为对照概念，分别来描述事物的两种不同演变方向。随后，美国人类学家 Goldenweiser（1936）发展了"内卷"概念，最初将其用以描述艺术领域的一种现象，后来被扩展至更广泛的社会文化现象，形容一类文化模式达到了某种最终的形态以后，既无法稳定下来，也无法转变为新的形态，只能不断地在内部变得更加复杂的现象。而美国人类学家 Geertz（1963）则把"内卷化"的概念进一步拓展至农业领域，他把农业内卷定义为在有限的土地面积下，增长的劳动力不断进入农业生产的过程。而后，黄宗智（1992）对这一概念进行延伸，他用劳动边际报酬递减来进一步界定内卷。美国学者 Duara（2003）则将内卷发展至"国家政权内卷化"，即国家机构在扩大行政职能时，不是通过提高旧有或新增机构的效益，而是靠复制或扩大旧有的国家与社会关系。

随着社会环境的变化，内卷的概念内涵也在发生改变，呈现新的特点。与传统内卷概念不同的是，当前关于内卷概念的研究基本是从心理情绪视角和行为表现视角展开的。从心理情绪视角层面上，内卷更加倾向于被认为是带有一定情感性的概念（王斌，2022），"内卷"一词体现出当下的社会情绪（王怀东，2022），带有一定的感情色彩，与"躺平"一词共同构成了新兴的亚文化。内卷强调了社会竞争日益加剧的背景下，个体在追求自我精细化、过密化发展的过程中所展现出的懈怠状态，描述了群体性的生存现状，凸显了社会焦虑（付茜茜，2022）。从外部行为角度层面，工作内卷通常具有一定的行为特征。王斌（2022）在对内卷现象进行剖析时提出了与刻板性自我相对立的"竞速性自我"的概念，他指出内卷行为表现为反应迅疾、持续"升级"，内卷主体执着于追求"新"与"快"。秦亚芹（2019）则从领导工作内卷化的角度进行分析，她认为工作内卷在工作思路上具体表现为单一化、轨道化，在组织人事工作上表现为论资排辈模式严重，在单位管理风气上表现为得过且过、人浮于事。赵洁（2021）则认为内卷主要表现为工作的不断复杂化和精细化。

2.2.2　类型划分及测量

当前对于内卷维度划分的实证研究较少，主要是从理论层面阐述内卷的分类。刘鸣杰和王晓娇（2012）从宏观层面出发，将组织内卷化现象划分为工作、绩效和制度内卷化，以全面解析这一现象在组织内的表现形式。杨滢萤（2023）在探究组织社会化内卷的结构与影响因素时，提出了内卷挣扎和内卷困境两个维度。除此之外，还有学者从不同角度将内卷划分成包括但不限于"拓展性内卷""内敛式内卷""刚性内卷""柔性内卷"等的不同类型内卷（令小雄和王亚妮，2023），揭示了内卷多样化的表现。覃鑫渊和代玉启（2022）认为内卷现象主要可以分为三类，分别是享受型内卷、功利型内卷和裹挟型内卷。对于内卷的测量，具体的量表研究较少，张玉等（2023）从组织行为视角出发，编制出适用于企业员工的团队内卷化量表，该量表由过度精细化和过度竞争两个维度构成。除此之外，杨滢莹基于扎根理论开发了组织社会化内卷的研究问卷。

2.2.3 相关研究

当前针对内卷的研究主要聚焦内卷的形成机制和影响机制。

在内卷的形成机制方面，研究主要是从内部驱动和外部驱动展开的。内部驱动因素即从个体（群体）内部心理角度阐述个体（群体）陷入内卷的内生动力。根据共享现实理论，共同的经历和感受能够在个体之间引发共鸣，助推群体性的内卷现象（赵洁，2021），共同的内卷感受会在社会群体内部形成一种社会气氛，人们在共同感受到一种强大的压力时，便会选择同样内卷的生活方式（王俊秀，2021），而这种共同的内卷感受是基于群体的内部心理机制。如今，人们在享受着由经济社会快速发展带来的丰厚红利的同时也在承受着日益沉重的压力。重压之下各种负面的情绪悄然积累，逐渐形成一种潜在的普遍情绪、集体心理和认知倾向（熊钰，2022）。此时，"内卷"一词以其独特的内涵极大地迎合了当前社会心态，刺激了部分群体长久以来压抑的冲动，点燃了情绪爆发的引线，并迅速发展成为一种群体情感共鸣，由此使更多的人陷入内卷。在社会环境和心理机制的双重驱动下引发竞争行为、需要满足、发展能力和价值取向方面的内卷，导致奋斗意识、奋斗动力、奋斗自觉和奋斗信念被动摇的精神危机（张雪梅和吴炜生，2022）。而内卷的外部驱动因素主要从个体（群体）所处的外部环境展开，包括组织层面和社会层面。从组织层面来讲，蒋智华（2022）把驱动辅导员工作内卷的因素归结为外部制度逻辑异化、职业逻辑异化、工作模式异化。从社会层面来讲，裴越（2022）则把人们内卷的根本原因归结到资源的有限性，这种有限性加剧了人与人之间相互挤压的恶性竞争关系。而王斌（2022）把内卷感的形成归结于信息技术与数字产业的发展乱象、当今社会复杂的内外部环境以及感性化的网络传播生态。

虽然关于内卷影响结果的实证研究较少，但是已有学者对内卷带来的不同影响进行了理论分析。大部分学者认为内卷带来的影响应该是消极的。陈龙和经羽伦（2022）明确指出网络平台内容生产内卷化会引发一系列的负面后果，显著表现为量和质的全面颠倒和更深程度的数字剥削。薛月琦和张荣华（2021）认为内卷化会限制员工自主及个性化发展。贺红茹（2023）从行业内卷出发，指出行业内卷化对景区旅游业和酒店餐饮业企业创新行为产生负向抑制作用。还有学者指出职场内卷会影响个体创新、团队创新及组织创新，短期内是会提升个体、团队和组织的创新绩效，但长期来看，内卷必会对创新能力产生一定的消极影响（孙笑然等，2023）。除此之外，还有少部分观点认为内卷在产生消极影响的同时可能会产生积极作用。Yi 等（2022）将大学生内卷划分为被动内卷、奖励导向内卷和成就动机内卷，其中被动内卷、奖励导向内卷与焦虑呈显著正相关，而成就动机内卷对焦虑则存在显著的负预测作用。覃鑫渊和代玉启（2022）认为不同类型的内卷会具有不同的属性，其中享受型内卷群体能够较好地适应规则，积极主动地参与竞争，并在理想状态下保持动态平衡。姜凤珍和王迪（2022）基于网络博弈理论指出内卷会抑制员工工作激情的维持，但心理弹性特质能够改善这种负面影响，当整体心理弹性特质达到一定阈值时，内卷反而有利于工作激情的产生与维持。在后续的研究中，本书更倾向于将内卷界定为一个消极的变量。

2.3　相关文献及述评

（1）工作不安全感

工作不安全感（Job Insecurity）的概念最初是由 Greenhalgh 和 Rosenblatt 于1984 年提出并在随后的学术研究中得到广泛的发展和深入的研究，其概念界定也逐渐呈现多元化和丰富化趋势。工作不安全感最早被定义为当个体在工作场景中的安全需要被破坏或威胁时，对于继续维系任务持续性和长远性的一种无力感。Caplan 等（1989）着重于强调工作不安全的感知层面，员工的工作不安全感源于对组织环境的感知，表现为对工作持续性的不确定感，其本质上是一种消极的心理体验，会给员工带来极大的压力。朱朴义和胡蓓（2014）强调在组织中员工雇佣关系的安全，他们认为工作不安全感是个体对这种安全感受到威胁的情感体验和认知反应，是员工对于工作稳定性和连续性以及工作受到环境特征威胁的严重程度的主观感知与解释。

工作不安全感作为一种负面的心理感知，会对企业的健康发展和员工个人身心健康产生消极影响。Yoons 和 Kim（2013）的研究聚焦于员工身心健康，指出工作不安全感不仅会危害员工的精神健康，还在一定程度上会对员工的身体健康产生损害。Huang 等（2021）通过定量方面和定性方面两个角度对工作不安全感展开深入研究，发现定量工作不安全感会导致员工对组织的承诺降低，进而削弱其对职业生涯的积极性；而定性工作不安全感会减少员工对组织的承诺，进而对组织的主动性产生影响。Högnäs 等（2022）的研究表明，工作不安全感与睡眠障碍之间存在显著关联，后者是重度抑郁症的危险因素。此外，众多研究表明，工作不安全感对员工工作行为具有显著影响。Sender 等（2017）指出工作不安全感会导致员工工作投入降低，对员工创造力产生影响。另外，工作不安全感还会导致建言行为减少、组织公民行为的减少以及工作退缩行为等消极工作行为的增加（周浩和龙立荣，2013）。

（2）强迫型工作激情

随着积极心理学的快速发展，为研究如何使生活更加丰富多彩和充满意义，工作激情开始受到人们的重视。在 Vallerand 等（2010）的激情二元模型中，激情被分为和谐型激情和强迫型激情两种。其中强迫型激情是指个体因为感知到外部因素而不得不参与某项活动，这种强烈的意图和动机是被动产生的，而和谐型工作激情概念与之相反。陷入强迫型工作激情的个体往往被工作控制而将工作内化到自己的身份中，这会导致个体产生压力，迫使其投入自己的工作中，进一步导致个体缺乏主动性和意志力（Vallerand et al.，2010），导致职业倦怠。

对于强迫型工作激情的相关研究，已有学者将强迫型工作激情与情绪耗竭和离职倾向等联系起来，如 Vallerand 等（2010）的研究表明强迫型工作激情正向影响情绪耗竭。此外，Houlfort 等（2018）以教师群体为研究样本，发现教师的强迫型工作激情会通过抑郁情绪作用于更高的离职倾向。其他学者主要从激情的二元模型出发，深入探讨了强迫型工作激情和和谐型工作激情的作用效果。大量研究结果表明强迫型工作激情会产生消极作用，引发情绪耗竭（Astakhova & Porter，2015），增加工作倦怠的风险（Vallerand et al.，2010）以及带来较差的工作绩效表现（Amarnani et al.，2020）。

（3）工作投入

工作投入在研究中往往作为一种积极的工作情绪会给员工带来积极的影响（李锐和凌文辁，2007）。在最初的研究中，Kahn（1990）从认知和情绪角度将工作投入界定为一种员工对自己所从事工作的认同，并愿意通过调整自身的态度和行为来积极契合其工作角色。随后，Schaufeli 等（2002）在综合前人研究的基础上提出工作投入的三个特征是奉献、活力和专注，主要表征为一种积极的工作状态，这种状态反映了员工愿意将自身的才能和努力全身心地投入工作任务中（林琳等，2008）。本书在后续的研究中主要采用了 Schaufeli 等对工作投入的定义。

工作投入作为一种积极且完满的状态，会对其他的工作行为和结果产生显著影响。崔莹莹（2018）认为工作投入会对工作绩效产生影响，主要借助于工作投入的人际传导机制来对工作绩效产生促进作用。温玉娟（2020）通过对 576 份有效样本数据分析发现，工作投入对职业成功有正向影响。此外，一些研究者发现，员工工作投入不仅能提升其工作满意度，而且还可以降低员工的离职倾向，进一步激发其工作热情，进而促使员工在工作中展现出更强的创造力（杨槐等，2021）。

（4）心理韧性

对于心理韧性（Psychological Resilience）的定义目前还未形成统一的认识。Werner 和 Smith（1982）将心理韧性定义为个体在遭受了高强度的破坏性变化后，仍能最小化不良行为表现的能力，反映了个体从负面经历中迅速恢复，并灵活适应变化的独特品质。Masten（2001）将心理韧性定义为个体在面临严重威胁或逆境时，其适应与发展能力仍然保持良好的现象。美国心理学会将心理韧性视作个体在遭受负面影响时，从困难经历中慢慢恢复过来的良好适应过程。本书对心理韧性的定义借鉴的是美国心理学会对心理韧性的解释。

对员工心理韧性的相关研究主要集中于工作行为和工作感知或态度方面。在工作行为方面，学者们深入探究了员工韧性对工作投入、创新绩效、工作绩效、工作退缩及离职等行为的影响。例如，聂婷和苏秋丽（2017）以信息产业员工为样本，发现员工韧性能有效减少员工的工作退缩行为，他们发现员工韧性可以作为困难与失败之间的一种调节机制，能够有效减轻或化解失败带来的负面影响，促进员工学习适应与超越。在工作心理方面，学者们探讨了员工韧性对职业生涯满意度、组织认同、工作幸福感、积极情绪等要素的影响。宋国学和张广秋（2013）以公共部门员工作为研究样本，发现职业生涯韧性对职业生涯满意度具有显著的正向影响。此外，吴婷和张正堂（2017）研究了员工韧性对于其态度的影响，他们发现具有较高韧性的员工个体，即使面临环境条件无法轻易改变或者变得越发不利，他们也能通过自我调节来降低外界对个体的影响，更快更准找到自己在组织中的定位，胜任工作并获得相应的认同感与归属感。

（5）企业文化认同

文化是群体区别于其他群体所共享的经验、符号、语言、价值观和风俗习惯的总和（佛洛依德，2011）。组织文化认同既是一个持续发展的过程，也体现为一种特定的状态。从过程的角度来审视，组织文化认同描绘了个体从对组织文化的初步认识到最终的认同，再到将这种认同转化为实际行动的演变过程。在这个过程中，个体不断地感知和整合组织文化，形成对组织文化的深入理解。从状态的角度来看，组织文化认同则体现了员工与组织之间在思想、目标、道德和价值观等多方面的社会和心理联系的紧密程度。这种联系的强度直接影响着员工的态度和行为表现（丁越兰和骆娜，2012）。本书中提到的企业文化认同主要是指员工对企业所推崇的信念、价值观和原则的了解、接受以及实践的程度和过程。

在深入探讨组织文化时，我们不难发现，这种文化并非一蹴而就，而是在组织长期运作的历程中逐渐演化、形成的一种独特的文化观念。这种文化观念不仅得到了全体成员的广泛认同，更体现了组织独有的特色与精髓。因此，组织文化可以被视作一种在长期实践中逐渐积累、形成，并深入组织成员内心的独特文化理念，而内卷化已成为组织文化的一部分（王思然，2021）。

组织文化认同对员工的工作动机、态度和行为有显著影响。根据组织价值观的差异，Sheridan（1992）的研究表明，建立个体与组织文化的匹配性有助于员工的保留和减少流动。陈致中（2010）在对报社员工组织文化认同和组织承诺关系的研究中发现，组织文化认同度显著正向影响组织承诺，并且显著负向影响离职意向。

樊耘等（2012）认为，在学术研究的视角下，组织文化的构建对于员工情感承诺的塑造具有至关重要的影响。具体而言，当组织文化在激励性与公平性上展现得更为强烈时，员工对其产生的情感承诺也相应地更为深厚。这种影响并非孤立存在，而是通过组织内部的人力资源管理（HRM）策略，如激励机制和公正的分配原则等，对员工的情感承诺产生显著的正向作用。因此，可以说，组织文化的激励性和公平性通过 HRM 策略，对员工的情感承诺起到了促进作用。我们可以发现，企业文化的力量是潜移默化的，员工企业文化认同感直接影响到员工对组织的归属感、满意度、忠诚度等。若员工处于一个良好的企业文化氛围之中，不仅对个体工作动机水平的提高有所帮助，还会影响到员工对同事、领导乃至整个公司的态度与投入，进而影响员工工作行为发生。

（6）工作能力

20 世纪 80 年代，芬兰职业卫生研究所提出了工作能力的概念，这一概念指的是劳动者在工作过程中解决和应付劳动任务的总体表现（马来记等，2000）。工作能力包括体力能力、脑力能力和社交能力。其中，体力能力涉及身体力量和耐力，脑力能力涉及认知能力和思维能力，而社交能力则涉及与他人沟通和协作的能力。

工作能力与劳动者的多种因素有关，包括职业经验、心理状态和工作动机等（马来记等，2000）。可见，能力与动机是不可分割、相辅相成的，对于员工来说，较强的动机水平影响员工工作行为产生与效率提高，进而锻炼培养员工工作能力；反过来，工作能力的持续提高也会增强员工对于自我实现的需求等动机。

从钟建安和段锦云（2004）的研究中我们可以得知，特质是个体在身体条件和对外界信息、情景的长期一贯反应。这些特质包括简单的条件反射到复杂的情绪控制等。特质是个体行为和反应的内在驱动力，它决定了个体在不同情境下的行为一致性及其对情境的适应性。而动机是一种内在的特质，其本质在于预示个体在缺乏外部监督时，依然能够自发地投身于特定活动之中。它不仅是一种心理状态，更是具有引导行为模式的功能，使个体在多样化的情境中能保持行为的一致性和连贯性。这种一致性不仅体现在行为的执行上，更在行为背后的逻辑和动机上得到了体现，从而确保了行为的稳定性和可预测性。在学术研究的视角中，动机的深入分析和理解对于揭示个体行为背后的原因和机制具有重要意义。这一论点也可应用到内卷行为的发生与持续上。能力作为另一种关键而稳定的特质，同样扮演着举足轻重的角色。在职场中，工作能力不仅对于员工自发地投身于各种任务活动具有深远影响，更在信息处理、决策制定等多个方面发挥着不可替代的作用。工作能力的强弱直接关系到员工在执行任务时的效率、准确性和创新性。

（7）工作动机

工作动机是由一系列内在和外在的刺激因素激发的与工作相关的各种行为。所以动机可以是内在的，如个人的兴趣、价值观和自我实现的需要；也可以是外在的，如奖励、认可和晋升的机会。动机影响个体的积极性和持久性，是推动个体采取行动的内在驱动力，这些动机不仅决定了行为的形式和强度，还影响了行为的方向和持续时间（Koeber，2001）。工作动机可以被视为一种无形的内在结构，它在个体的心理层面上发挥作用，推动他们参与工作并维持其积极性。这种无形的结构是由个体的需求、愿望、价值观和目标构成的，它们在不同情境下以不同的方式影响着个体的工作行为。

姜大源（2007）的观点强调了动机在人类行为中的核心作用。他认为动机是个体所追求的目标，能够激发行为，是行为的内在驱动力。动机具有选择性，能够引导行为朝着特定的方向和目标发展。此外，动机还具有强化功能，即行为的结果会反过来影响动机，对行为产生正向或负向的强化作用，从而影响行为的重复发生。在特定情境下，个人的动机决定了其行为方式。由此可见，动机是员工内卷行为的重要原因，它决定了员工内卷行为的方向和强度，以及行为结果对个体行为的持续性影响。

Appelbaum 等（2001）提出能力—动机—机会理论，认为个体行为是由能力、动机和机会三个因素共同决定的。能力指的是个体完成工作的心理或认知能力。这包括了个体的知识、技能、经验以及解决问题的能力等。能力是确保个体能够有效地执行任务和达成目标的基础。动机指的是个体从事某项活动的心理倾向和动力，可以是内在的，如个人的兴趣、价值观和自我实现的需要；也可以是外在的，如奖励、认可和晋升的机会。机会指的是一种能够影响个体行为的外在情境因素，它扮演着至关重要的角色。这些因素不仅涵盖了企业文化氛围的塑造，还包含了组织结构的布局以及社会环境的影响等多维度内容。个体的行为是这三个因素相互作用的结果，任何一个因素缺失或不足，都可能导致个体行为的受限或失败。由此可见，该理论也为本研究提供了重要依据，影响员工内卷行为的重要因素一定要充分考虑到能力、动机、机会三个方面。能力层面，员工内卷行为的产生可能与员工不同的工作能力水平有所关联，能力是确保员工能够有效地产生内卷行为和达成内卷目标的基础。动机层面，动机是影响个体行为产生的最直接因素，员工职场内卷化的发生必然伴随各种各样的工作动机。机会层面，情境因素可以起到促进或者抑制作用，对于企业来讲，组织文化氛围环境对于员工的影响是不可忽略的。

20 世纪 70 年代，美国学者 Deci Ryan（2000；2002）提出自我决定理论，承认人具有自我学习和完善的整合倾向，而社会和环境条件影响这种整合，这为本书提供了理论框架。自主性、能力感和归属感这三种基本需求是人类心理健康的基石，当这些需求得到满足时，个体能够更好地激发动机，发展和实现自我潜能。自我决定理论动机观认为最缺少自我决定的动机类型就是无动机，耿希峰等（2024）认为，当处于无动机状态时，典型的表现就是"躺平"和过早地产生职业倦怠。

由此我们可以了解到，当能力、动机和机会三者得到充分满足时，员工更有可能展现出内在动机而产生内卷行为，希望可以为企业做出贡献，实现自我价值。相反，当这些需求得不到满足时，个体可能会表现出外在动机，即为了获得奖励或避免惩罚而进行内卷行为，他们可能只是迫于诱惑、压力不得不内卷或者是受到信息性与规范性影响而盲目跟风他人加入内卷。

（8）幸福感

20 世纪 60 年代，有学者立足于情绪认知的角度将幸福感划分为主观幸福感和心理幸福感两个主要概念。主观幸福感是指个体对自身积极情绪体验的主观感知，强调享乐主义的重要性（Diener et al.，1999）。心理幸福感是指个体完成某个既定目标，实现自身价值，从而心理上得到满足的一种状态。这两种概念通常作为衡量员工幸福感程度的指标。另外，有学者从组织行为学的角度出发，提出员工幸福感受到情绪耗竭、工作倦怠等变量的影响。随着员工幸福感的研究逐渐深入，国内学者郑晓明等（2015）认为需要从整合视角出发考量员工幸福感的定义，提出员工幸福感不仅是员工心理持久的满足感，还应包括有效应对工作中的张力矛盾所衍生的幸福感。由此，本书认为员工幸福感一方面是对于工作层面的满意度感知，另一方面是基于非工作层面的情感满足状态，主要包含员工生活、工作以及心理幸福感。

（9）工作满意度

20世纪30年代，Hoppock博士（1935）在其文献中创造了一个历史上从未出现和研究过的词汇，即"员工满意度"。他在文献中阐述，这个崭新的词汇所表达的意思，其实就是组织成员对日复一日重复所从事的工作的满意程度，是劳动从事者的一种个人的、主观的感受，既包括生理上的，也包括心理上的，可以理解为劳动从事者对工作环境的感受。因此，他致力于研究组织成员在工作场合中的感受。在这位"员工满意度首创之父"之后，相继涌现出了诸多学者对工作满意度进行广泛深入的探讨，使其成为研究热点。

Locke（1976）相信，组织成员对工作的感受来源于在实现组织任务目标中做出的贡献大小，成员会主动对自己做出的贡献大小进行评价，从而影响到个人心理。Kamdron（2009）相信，每个成员在组织中都承担了一定的职责，也因此扮演了固定的角色。角色的满意与否会影响到成员的感受，即工作满意度。学者科特勒则相信，组织成员负有完成一定任务量的职责，他们在完成组织安排的工作后，会将自己完成任务的实际情况和理想情况进行对比，从而影响到工作满意度。国内学者周耀烈等（2008）将工作满意度定义为员工对工作环境切身体会后得到的感受。管陈敏（2017）认为工作满意度是评价工作要素价值的过程，包括工作本身、环境、压力、价值等。此外，徐琴（2015）定义了工作满意度，即将员工在企业获得期望值的感觉与实际价值的获得进行比较。罗杰等（2014）则将其定义为员工对工作内容、劳动环境的主观感受。

与国内其他学者对工作满意度的理解不同，张黎莉（2005）将其理解为：①成员向组织提出一定要求并得到满足后有的感受，即组织让成员满意这件事能促使工作满意度的产生。②成员在进入一家组织、面临组织工作氛围并被分配一定任务后，对该组织抱有的一种固有的态度。这是一种很平常的态度，经常保持，并不与其他因素相关。③成员从事的工作一般由诸多因素构成，其中有让组织成员满意的，也有让组织成员失望的，这些因素会综合影响到成员的工作满意度。本书将工作满意度看作企业员工对工作的全面感知而形成的一些主观认识。

2.4 本章小结

本章梳理了研究所涉及的相关变量研究。首先，对工作内卷的概念和分类进行梳理，并从工作内卷的形成机制和影响机制对内卷现有的研究进行归纳。其次，对与内卷相关的其他变量，包括职业冲击事件工作不安全感、强迫型工作激情、员工心理韧性、工作投入、企业文化认同、工作能力、工作动机、幸福感、工作满意度等核心变量的相关研究等方面进行了系统的解释和梳理。

第3章　理论基础

3.1　扎根理论

扎根理论是一种运用系统化程序，通过对资料和数据的总结来构建理论的定性研究方法。该方法以自下而上的方式构建理论，通过对原始资料的归纳提炼，自然而然地呈现理论。扎根理论秉持"让数据自己说话"的原则（Glaser & Struass，1967），通过规范化的流程对尚未广泛认同或有进一步发展空间的概念内涵与外延进行探索。早期的扎根理论主要应用于社会学领域，被视为社会学领域中除传记研究、现象研究、民族志及案例研究等传统理论构建方法之外的又一重要途径。随着研究的深入，该理论的应用范围也逐渐扩大。

本部分采用以 Struass 和 Corbin（1990）为代表的程序化扎根理论法，与经典扎根理论法不同，程序化扎根理论法更注重研究的系统性和想象力，不仅关注归纳，还注重演绎，研究者带着预设的逻辑对数据进行处理，更多的是一种解释主义的认识论。在程序化扎根理论中，核心流程就是对所收集到的数据资料进行逐级编码，这一编码过程包括三个层级，即开放式编码、主轴编码和选择性编码。研究者在分析时，需不断地对资料进行分析和比较，直至新获得的资料无法再为构建或者验证理论提供新的信息和见解时方可结束。

3.2　情绪 ABC 理论

情绪 ABC 理论，也称 ABC 理论，是由美国心理学家阿尔伯特·艾利斯（Albert Ellis）创建的理论，其中 A 表示激发事件（Activating Event），即前因，B 表示个体针对此激发事件产生的一些信念或认知（Belief），即个体对事件的看法、认知，C 则表示由这些信念或认知所引发的情绪及行为结果（Consequence）。艾利斯认为，人们对诱发事件（A）产生的信念、看法和解释（B）是导致情绪和行为结果（C）的根本原因，具体如图 3-1 所示。

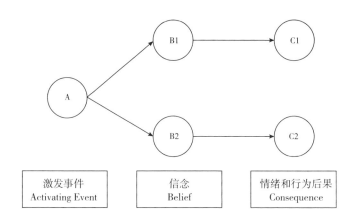

图 3-1　ABC 理论结构

ABC 理论剖析了诱发事件与事件结果之间的内在联系，该理论明确指出，个体的情绪和行为结果不是直接由事件 A 产生的，而是经过个体对事件的信念和认知 B，即个体对事件的认知会对结果起重要作用。基于 ABC 理论，对同一事件所持的信念、观点或解释不一致，可能会带来完全不同的结果。

情绪 ABC 理论的核心内容可以概括为三点：首先，个体情绪和行为的产生并非直接由外部事件所触发，而是受到个人对事件的看法、信念和态度的影响。

因此，通过调整自身不合理的信念，人们可以有效地控制管理自己的行为。其次，ABC 理论着重从整体性视角审视思维、情绪和行为相互的联系。最后，常见的非理性信念包括灾难化的信念（即将小事视为大灾难）、低挫折容忍度（觉得自己难以应对挫折或解决所面临的难题）、一味指责自己或者他人（消极的态度评价自己或他人）（韩艺宁，2023）。

基于情绪 ABC 理论，员工在经历职业冲击事件后会诱发个体对这些事件产生一定的看法和认知及态度，这些看法和认知会导致员工产生相应的工作情绪和行为结果。基于此，我们引入工作内卷作为职业冲击事件的结果变量，以及工作不安全感等中介变量，认为职业冲击事件发生后，人们会对这些事件产生一定的感知和看法，进而会导致员工工作内卷的结果。

3.3 情感事件理论

情感事件理论最初由 Weiss 和 Cropanzano（1996）提出，主要聚焦员工在企业中情感的结构、诱发因素以及这些情感因素对工作态度和行为的深远影响。如果一个事件被认为对个人的幸福和目标有影响，这个事件就被视为能够触发个人情感反应的事件（Frijda，1993）。情感事件理论将事件分为积极事件和消极事件，其中积极事件是指与个人目标努力相一致，能够促进工作目标实现的事件；消极事件是指与个人目标相违背，阻碍了个人职业目标的实现，其产生与个人消极情绪有关。情感事件理论的核心假设是认为员工在经历这些积极或消极事件后会引发直接的情感反应，从而进一步影响其工作态度及行为（Weiss & Cropanzano，1996），工作事件、情感反应和行为反应是该理论核心构念，具体如图 3-2 所示。通过构建工作事件—情感反应—行为反应这一逻辑链条，情感事件理论系统地揭示了工作场所中员工行为的情感驱动机制。

根据图 3-2，情感反应通过两种方式影响员工的行为。第一种是情感—驱动行为，工作事件通过激发员工的情感反应直接引发行为改变，第二种是判断—驱动行为，即工作事件触发员工个体的情感反应，这种情感反应随后影响员工的工作态度，最终由这种态度引发行为改变。通过事件—情感—态度—行为这一完整链条，情感事件理论系统地揭示了工作场所中员工的情感作用机制，为深入理解员工行为背后的情感动因提供了重要的理论支撑。以此为基础，对于企业员工来讲，职场中职业冲击事件的发生会引发员工的情感反应，导致员工情绪状态发生变化，进一步影响员工后续的工作生产行为。

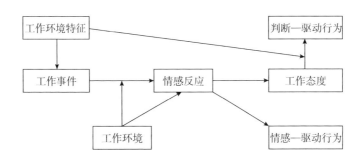

图 3-2 情感事件理论结构

职业冲击事件因其具有的不可控性或破坏性，导致其作用机制带有一定的复杂性和多样性，在研究过程中可以进一步探究个体经历事件后的心理过程。冯晋等（2021）指出，结合情感事件理论来探讨职业冲击事件的影响路径具有重要意义，有助于我们理解冲击事件如何通过引发情感反应（如积极情感或消极情感）来进一步影响员工职业行为或工作行为。基于此，本部分认为情感事件理论可以作为本书研究模型的理论基础，具体而言，职业冲击事件作为工作场所事件，会引发员工的一系列情感反应（工作不安全感、强迫型工作激情），进一步影响员工工作行为（工作内卷）。

3.4 员工激励模型

综观对激励的研究，就激励手段而言，可以将激励分为物质激励、精神激励和情感激励。同时，本部分参考肖颖映（2021）对组织激励的划分维度，主要研究精神激励中的发展激励和公平激励。因此，本部分中的员工激励模型是指物质激励、发展激励、公平激励、情感激励四维度激励模型。

物质激励指通过物质层面的动力所形成的激励，主要通过金钱等形式体现，属于马斯洛需求层次当中的生理需要层次和安全需要层次。激励措施包括加薪、发放奖金、绩效、分配股权等。

发展激励主要指通过增加员工在企业的晋升机会、工作成就感激发其工作积极性，属于马斯洛需求层次中的自我实现层次。激励措施包括职业晋升、职业发展培训和发展机会等（李思莹，2017）。

公平激励主要指通过让员工感觉自己获得的相对报酬公平合理，感到心情舒畅，从而努力工作，也属于马斯洛需求层次中的尊重层次。激励措施包括报酬公平激励（即多劳多得，少劳少得）、绩效考核公平激励、选拔机会公平激励（赵春霞，2008）。

情感激励是指通过深入员工的内心，理解员工的情绪和情感，对员工关心、尊重、信任，使员工对组织产生感情，从而激发员工的工作积极性，属于马斯洛需求层次中的尊重、社交层次。激励措施包括关心、欣赏员工，沟通、理解员工，尊重、信任员工，参与决策、成才激励等（赵彩丽，2014）。

3.5　本章小结

本章主要针对本书所需的研究理论包括情感事件理论、情绪 ABC 理论和扎根理论以及员工激励模型的相关研究进行系统解释和梳理，为后续研究提供理论基础。

第4章 基于扎根理论的工作内卷维度构建

4.1 研究设计

4.1.1 研究目的

本书的主要研究目的是基于以往研究结果，同时结合访谈法收集数据资料，编制工作场所背景下的内卷测量量表，为探究内卷的相关影响机制提供研究工具。

4.1.2 研究方法

扎根理论主要适用于研究个体对真实世界的解释或看法（王璐，高鹏，2010），以经验资料为基础来构建理论，主要通过开放式编码、选择性编码、理论编码来进行数据分析。为了编制内卷测量问卷，本章基于扎根理论研究，首先通过文献分析、半结构化访谈方式进行调研，其次通过对访谈数据的编码得到内卷的结构维度，并基于研究目的选择合适的测量条目。访谈方式主要包括面对面访谈、电话访谈和线上微信访谈。

4.1.3 访谈提纲设计

首先，梳理相关文献并结合研究目的，初步设计访谈提纲，旨在探究被访者工作期间对内卷现状直接或间接的相关感受，以及对内卷的看法。其次，经过相关专家的讨论及修订，我们最终确认了包括"您在工作过程中有没有感到内卷？""您是如何理解'工作内卷'的"等题项的 9 个问题，具体访谈提纲详见附录 A。

4.2　数据收集

4.2.1　访谈对象

在研究中，我们主要选取高新技术企业中的员工和管理者作为访谈对象。从当前社会来看，高新技术企业更具有明显的内卷特征。在我国"十四五"规划和 2035 年远景目标共同推动下，高新技术企业快速发展，吸引了大批求职者前赴后继地跨入该行业，竞争不断白热化，其用工模式呈现极端化模式。尤其是对于高新技术企业中的互联网行业来讲，竞争已经成该行业的内在基因（郑小静等，2021），在这种激烈的竞争环境下，企业出现学历内卷、工作内卷等各种问题在所难免，所以选择高新技术企业以及互联网企业研究内卷具有一定的典型性。而分别访谈企业管理人员和员工的原因主要是当前内卷问题并非只存在于基层员工，企业的管理者也可能会产生一定的内卷问题。除此之外，访谈管理人员可以反映出基于管理者视角是如何看待员工内卷的，以便更加全面地了解员工内卷问题，更加全面地反映内卷在企业中的存在情况。

4.2.2　访谈过程

4.2.2.1　访谈准备

在访谈设计的阶段，首先根据研究目的和便利性确定了访谈地点及时间，并确定了访谈的样本量，向访谈对象解释访谈的主要内容，并向其保证访谈的内容最终仅用于学术研究。其次，在正式访谈之前，先通过网络与选定的受访者建立初步联系，以增进彼此的了解和信任，通过这种方式，可以事先了解受访者的禁忌和顾虑，确保在正式访谈时不会触及他们的敏感点，从而提升受访者的舒适度，为后续的正式访谈奠定良好的基础。

4.2.2.2　正式访谈

由于时间和地域限制，访谈主要通过线上加线下实施一对一访谈的形式开展，每次访谈时间为 60～90 分钟，访谈氛围轻松愉悦，必要时根据实际情况灵活调整访谈进程。在访谈正式开始时，我们首先向访谈对象解释"内卷"的具体含义，在简单的寒暄过后，正式按照提纲向访谈对象展开访谈。为了确保访谈的顺利进行，我们及时对访谈对象的回答进行梳理总结，依据其反馈内容进行进一步澄清和追问。在访谈期间，我们采用类似"您所表达的是这个意思吗？"等措辞来核实信息的准确性，以"对该问题还有什么需要补充的吗？"等提问来深入了解受访者更多的感受和观点。

4.3　访谈数据分析

4.3.1　样本概述

本部分主要对工作地点为北京的相关人员进行访谈，选取了 14 名企业管理人员和 25 名企业员工。样本的年龄集中在 20～55 岁。从工作年限分布来看，具有 5 年以下工作年限员工占 43.59%，5 年及 5 年以上 10 年以下的占 23.08%，10 年及 10 年以上的占比 33.33%。从教育背景来看，大部分被访者学历集中在本科和研究生。

通过对访谈结果进行梳理与汇总，我们借助 Nvivo12 进行访谈资料的数据处理，得到与"内卷"概念相关的词频，具体如图 4-1 所示。可以看出，谈到内卷，人们最先想到的就是竞争、加班、压力、焦虑等词汇，其中"竞争"一词在访谈结果中出现次数最多，人们对内卷感受最深的就是竞争的状态以及竞争带来的压力和焦虑，即人们更多地将内卷理解为过度竞争下导致的非理性状态，认为内卷会给人们工作上带来负面体验。

图 4-1　内卷词频

4.3.2　开放式编码

开放式编码是用来划分和界定相关资料中的概念，并对概念的属性进行分析的过程。具体而言，首先对所有访谈材料进行逐句编码，在编码过程中摒除个人主观臆测使初始概念自然涌现；其次，对于与研究主题无关或重复率低不具有代表性的编码进行剔除；最后，在开放式编码阶段共形成 204 个对应初始概念和 18 个范畴（用"A+序号"形式标注），如表 4-1 所示。

表 4-1　开放式编码过程示例

范畴化	概念化	原始访谈节选
A1 自我提升感知	自我提升的需要	我认为内卷的主要原因其实就是想要提升自己，想要学习更多的技能，能拿到更好的薪资，在这个过程中可能会形成内卷

续表

范畴化	概念化	原始访谈节选
A2 生存 需要感知	危机意识	毕竟狼多肉少嘛，如果不卷的话就吃不到肉。公司内部竞争大，如果我不去卷的话，自己目前的岗位可能都保不住，会面临失业风险
A3 超额 超量工作	过度追求工作量	公司领导要求我们写一份 2000 字的报告，虽然要求只有 2000 字，但是很多人会在报告字数上开始无意义攀比，最后上交的时候远超 2000 字。甚至有的人写了 5000 字或更多字数的报告，我认为这就是内卷
		在对接项目时，很多人会超额完成领导要求的一些任务
A4 获得 上级认可	博得领导认可	一般来讲，参与内卷的人都是为了获得领导认可，希望领导层看到自己在努力工作，能够给领导留下一个好印象。我们公司内部，同事之间互相内卷就是为了在领导面前留下一个自己认真工作的形象
A5 个人 利益驱动	追求升职加薪	在我看来，任何时候只要有晋升或加薪的机会，都会导致这些内卷现象的发生，只要能够实现晋升加薪，单位里的部分同事就会一直内卷
	追求福利奖金	公司里面的同事会为了得到年终奖或者是更好的福利而急于在职场上表现自己，不断给其他人施加压力，公司内部不自觉就会形成内卷
A6 营造 努力工作 表象	追求努力工作 的表象	我们公司办公室在四楼，二楼有休息室，公司领导每天下午五点半下班都会经过。每天五点钟左右，每个人都会匆忙地坐在二楼的休息室里学习或工作，这样他们就可以让领导层觉得自己在努力工作，显得自己干得多一些，我认为这是一个非常明显的内卷现象
		我们熬夜加班现象严重，明明没有那么多的工作要做，但是一个拖的比一个晚，就一定要证明我比其他人工作努力、工作辛苦
A12 无效加班	加班严重	每日不必要的加班严重，明明 8 小时的工作时间可以高效完成任务安排，偏偏要耗到加班来做
A17 职业倦怠	工作热情降低	本来我的工作量是我刚好能接受的，但是现在他们都在卷，所以我也被迫增加了我的工作量，感觉有点疲惫了，找不到对工作的热情
	消极情绪严重	单位存在的内卷使我每天上班工作都不开心，每天做什么事都没有冲劲，心情郁闷
……共 18 个范畴	……共 204 个概念	

4.3.3 主轴式编码

主轴式编码是将开放性编码的结果连接在一起的过程，目的在于进一步聚焦所要研究的问题，主要探索和建立各范畴之间的联系。本环节将初始的 18 个范畴进行联合，例如将"A1 自我提升感知""A7 制造他人认同""A2 生存需要感知""A10 群体比较感知""A5 个人利益驱动"联结到主要范畴"B1 内卷认知"等，最终将 18 个范畴进一步聚合得到 3 个主概念，即 B1 内卷认知、B2 内卷行为和 B3 内卷情绪。具体过程如表 4-2 所示。

表 4-2　主轴式编码过程

主范畴	范畴
B1 内卷认知	A1 自我提升感知
	A7 制造他人认同
	A2 生存需要感知
	A10 群体比较感知
	A5 个人利益驱动
B2 内卷行为	A8 无意义的精益求精
	A4 获得上级认可
	A11 工作效益低下
	A12 无效加班
	A9 员工之间跟风模仿
	A6 营造努力工作表象
	A3 超额超量工作
B3 内卷情绪	A13 员工内耗
	A14 情绪焦虑
	A17 职业倦怠
	A15 生活幸福感降低
	A16 健康安全感降低
	A18 员工人际关系不佳

4.3.4　选择式编码

选择式编码是一个系统性的过程，旨在将之前编码所形成的所有范畴整合到核心范畴。通过对所有的概念类属进行深入系统的分析以后选择一个核心类属，该核心类属在整个过程将起到提纲挈领的作用（陈向明，2000）。根据上述研究我们将主轴式编码聚合到内卷的内卷认知、内卷行为和内卷情绪三个主范畴过程进行梳理，进一步用"工作内卷"这一核心范畴来统领。

通过持续比较选择性编码所提取的核心范畴与既有文献，结合对研究资料的整理总结，我们最终构建了符合中国情景的内卷结构模型（如图4-2所示）。内卷认知、内卷行为、内卷情绪三个核心范畴共同构成了工作内卷结构模式。我们将内卷界定为职场环境下员工个体在资源受限的情形下处于工作投入与产出不平衡状态下的非理性竞争模式，主要表现为工作内部的不断复杂化和精细化。其中，内卷的认知维度是指员工对内卷的态度和感知；内卷的行为维度是指陷入内卷的员工具体的行为表现；内卷的情绪维度将内卷赋予一定的情感属性，探究内卷给员工带来的心理感受和情绪变化。

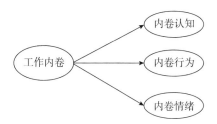

图 4-2　工作内卷的结构维度

4.4　本章小结

本章的主要目标是开发中国情境下员工工作内卷量表。在该阶段，我们严格遵循扎根理论的三级编码流程，通过规范的量表开发程序，对访谈资料进行深度分析与总结，最终得到了工作内卷的三维度结构，即内卷可以划分为内卷的认知维度、内卷的行为维度和内卷的情绪维度。

第5章 工作内卷量表开发

5.1 内卷初始量表

本部分根据扎根理论分析中形成的内卷构思，结合已编码的访谈数据，并搜索符合描述的相关案例内容，形成与核心维度相匹配的初始题项，最终确定关于内卷的明确性描述条目。为了确保原始量表的内容效度，我们邀请了人力资源专业人士以及人力资源管理方向的博士生和多名学生对量表的内容和表述进行测试和修订，以确保问题的语义清晰简单明确，核心维度的题项相互关联。经过修改，初步完成了包含18个题项的量表。其中内卷的认知、内卷的行为和内卷的情绪三个维度分别有6个条目，内卷认知维度的WI2为反向题项，主要采用Likert五点计分法，具体如表5-1所示。

表 5-1 内卷初始量表

维度	题号	题项
内卷认知	WI1	工作中我有很强的进取心，事事都要争当优秀
	WI2	我喜欢创造性工作，不喜欢做重复的事情
	WI3	我会因为周围人都很拼，所以自己也逼迫自己努力
	WI4	我觉得大家都会的技能，自己也必须掌握
	WI5	我认为自己应该把在与朋友交往、爱好或休闲活动上的时间花在工作上
	WI6	我觉得有很多工作其实只是在消耗时间而没有实际意义

续表

维度	题号	题项
内卷行为	WI7	工作首先是要让领导满意，实际效果没那么重要
	WI8	即使没什么实际工作，我也要表现得很忙碌
	WI9	在单位里，通常别人做什么我就做什么，这样比较轻松
	WI10	我会把简单的问题复杂化，让自己看起来很忙碌
	WI11	如果周围人不下班，那么我也不下班
	WI12	在团队工作中，我经常暗自和同事比较工作时长
内卷情绪	WI13	工作中空耗时间的身心疲累让我感到倦怠
	WI14	单位内部工作细节方面无休止的过度竞争让我感到焦虑
	WI15	我会因为没有完成比别人更多的工作量而感到不安
	WI16	如果身边的人很努力，而自己没有努力的话，会有负罪感
	WI17	工作中低于预期的收益让我感到挫败
	WI18	被迫参与竞争的超负荷压力让我对未来的工作感到迷茫

5.2　预调研与量表修订

5.2.1　样本概述

在进行大规模调研之前，为确保研究的准确性和有效性，本部分先进行了小规模的预调研，对量表进行提纯。为了确保样本分布合理、科学、典型，本部分对需要的人群进行针对性的分配，使样本的性别、年龄、收入、所在行业等结构合理、符合实际。在预调研阶段，我们根据内卷的初始量表设计了问卷，通过问卷星平台在线邀请全国范围内已参加工作的人员作答，利用微信、QQ 等互联网传播渠道，利用问卷链接、扫描问卷二维码进行传播。本研究针对已经正式参加工作的企业员工，在线发放问卷 180 份，剔除作答时间过长和过短以及作答不完整的问卷，共回收有效问卷 160 份，有效回收率为 88.89%。

5.2.2 信度和效度检验

本部分对问卷所用量表进行了信度检验，Cronbach's α 系数大于 0.7 即可以接受。经过分析，内卷的认知维度 Cronbach's α 系数为 0.759，大于 0.7，内卷的行为维度 Cronbach's α 系数为 0.895，大于 0.7，内卷的情绪维度 Cronbach's α 系数为 0.868，大于 0.7，内卷整体的 Cronbach's α 系数为 0.903，大于 0.7，符合预期标准，KMO 系数为 0.856，巴特利特球形检验显著性为 0.000，说明该量表可靠性较好，适合继续进行探索性因子分析。

5.2.3 探索性因子分析

我们主要借助 SPSS26.0 分析软件来进行探索性因子分析。数据结果表明，在该阶段我们提取出了三个主成分，其中三个主成分的总方差解释率为 61.502%，大于 60%，整体上可以接受。为了进一步提升量表的有效性，我们对题目进行筛选工作。在该阶段，根据各题项的因子载荷，我们删除因子载荷量低于 0.6 的 WI5 和 WI6 共计 2 个题目。最终生成共计 16 个题项的内卷量表，其中包括内卷行为维度 6 个题项、内卷情绪维度 6 个题项、内卷认知维度 4 个题项，因子负荷量均高于 0.6，具体如表 5-2 所示。

表 5-2 题项修正后的探索性因子分析

项目	成分		
	1	2	3
WI9 在单位里，通常别人做什么我就做什么，这样比较轻松	0.808		
WI7 工作首先是要让领导满意，实际效果没那么重要	0.798		
WI10 我会把简单的问题复杂化，让自己看起来很忙碌	0.796		
WI8 即使没什么实际工作，我也要表现得很忙碌	0.778		
WI12 在团队工作中，我经常暗自和同事比较工作时长	0.767		
WI11 如果周围人不下班，那么我也不下班	0.745		
WI18 被迫参与竞争的超负荷压力让我对未来的工作感到迷茫		0.785	
WI13 工作中空耗时间的身心疲累让我感到倦怠		0.77	
WI14 单位内部工作细节方面无休止的过度竞争让我感到焦虑		0.765	

续表

项目	成分		
	1	2	3
WI15 我会因为没有完成比别人更多的工作量而感到不安		0.712	
WI16 如果身边的人很努力，而自己没有努力的话，会有负罪感		0.692	
WI17 工作中低于预期的收益让我感到挫败		0.688	
WI1 工作中我有很强的进取心，事事都要争当优秀			0.791
WI4 我觉得大家都会的技能，自己也必须掌握			0.75
WI2 我喜欢创造性工作，不喜欢做重复的事情			0.696
WI3 我会因为周围人都很拼，所以自己也逼迫自己努力			0.668

5.3　正式调研和量表检验

本次调研对象是全国范围内已参加就业的企业员工，覆盖了互联网、教育、制造业、服务业等各行各业，参与群体较为广泛。为提高本次调研的有效性，我们对调研人员进行了简单培训，以确保数据收取工作的顺利开展。本次调研主要采取线上发放问卷的形式，向调研对象发放问卷 235 份，回收有效问卷 219 份，有效回收比为 93.2%。

5.3.1　样本概述

研究样本性别分布均衡，其中男性占 47.9%（105 人），女性占 52.1%（114人）。从年龄结构来看，样本中 35 岁以下的中青年员工占比较高，共计 151 人，占 68.9%，年龄分布相对均匀。在学历方面，具备专科及以上学历的员工共 181人，高达 82.6%，受教育水平较高。从工作年限来看，工作 10 年以内的员工共有 155 人，占总样本人数的 70.8%。在员工类型上，普通员工占比最高，占总样本人数的 71.2%，基层管理者占 18.7%。此外，样本员工所属企业类型中民营企业占比较高，为 30.6%。员工所在部门分布较为均匀，各部门均有涉及。

正式调研的样本具体特征如表5-3所示。

表5-3　样本特征

统计指标	具体分类	频数	百分比（%）
性别	男	105	47.9
	女	114	52.1
年龄	25岁以下	71	32.4
	25~30岁	44	20.1
	31~35岁	36	16.4
	36~40岁	22	10
	41~45岁	22	10.1
	45岁以上	24	11
教育背景	高中及以下	38	17.4
	专科	45	20.5
	本科	121	55.3
	硕士	15	6.8
工作年限	3年以下	80	36.5
	3~5年	44	20.1
	6~10年	31	14.2
	11~15年	24	11
	15年以上	40	18.3
员工类型	普通员工	156	71.2
	基层管理者	41	18.7
	中层管理者	19	8.7
	高层管理者	3	1.4
单位性质	股份制企业	10	4.6
	国有企业	51	23.3
	民营企业	67	30.6
	外资企业	22	10
	其他	69	31.5
所在部门	财务部门	14	6.4
	后勤部门	12	5.5
	人力资源部门	14	6.4

统计指标	具体分类	频数	百分比（%）
	生产相关业务部门	23	10.5
	市场营销业务部门	37	16.9
所在部门	研发相关业务部门	14	6.4
	综合行政部门	24	11
	其他	81	37

5.3.2 量表检验

在量表开发初期，对量表结构处于探索阶段，因此更适合采用探索性因子分析。在正式调研阶段，为了进一步检验量表的稳定性，我们还需要对量表进行验证性因子分析，在该阶段主要借助 Mplus8.0 来进行数据分析。

本部分对量表构建测量模型，检验其各拟合指数。将内卷三因素模型作为基准模型，分别组成一个二因素模型和单因素模型，根据内在关系和研究结果将内卷认知和内卷情绪合并为一个因素，与内卷行为组成二因素模型；内卷的行为、认知和情绪维度合并组成单因素模型。借助 Mplus 对数据进行分析处理，结果显示三因子模型与样本数据拟合程度较好，如表 5-4 所示，χ^2 为 210.214，df 为 95，χ^2/df 为 2.213，小于 3，CFI 值为 0.931，大于 0.9，TLI 值为 0.913，大于 0.9，RMSEA 接近 0.074，小于 0.08，SRMR 为 0.099，以上各拟合指标都符合标准，说明该模型的适配性较高、拟合度较好，内卷的三维度模型总体上可以接受。

表 5-4 内卷验证拟合指数

拟合指数	χ^2	df	χ^2/df	RMSEA	CFI	TLI	SRMR
结构模型	210.214	95	2.213	0.074	0.931	0.913	0.099

进一步，我们对各因子进行收敛效度等检验，检验因素负荷量的显著性是否显著，并对各因子载荷量、组合信度指标（CR）和平均载荷萃取量（AVE）等

指标进行检验。具体如表5-5所示。

表5-5　信度、效度检验结果

维度	题项	因子负荷量显著性检验				收敛效度		
		Unstd.	S. E.	Est. /S. E.	P	STD	CR	AVE
内卷行为	WI7	1.000				0.794	0.899	0.5985
	WI9	0.938	0.066	14.106	0.000	0.788		
	WI10	0.993	0.064	15.549	0.000	0.835		
	WI12	0.938	0.073	12.867	0.000	0.761		
内卷认知	WI11	0.768	0.079	9.701	0.000	0.659		
	WI8	0.934	0.066	14.068	0.000	0.793		
	WI4	1.000				0.790	0.8071	0.5127
	WI1	0.799	0.075	10.694	0.000	0.731		
	WI3	0.739	0.074	10.037	0.000	0.692		
	WI2	0.698	0.078	8.956	0.000	0.643		
内卷情绪	WI13	1.000				0.755	0.8712	0.5322
	WI14	0.985	0.072	13.737	0.000	0.735		
	WI15	1.140	0.076	14.915	0.000	0.862		
	WI16	0.808	0.082	9.865	0.000	0.668		
	WI17	0.779	0.078	9.935	0.000	0.667		
	WI18	0.791	0.078	10.082	0.000	0.670		

根据表5-5，首先，在各因子负荷量的显著性水平上，P值均小于0.01，显著性水平较高。其次，由表5-5可以得到各题项的STD值均大于0.6，因子载荷可以接受，题项与各相关维度拟合效果很好。另外，对组合信度CR值进行检验，其中内卷行为维度CR值为0.899，大于0.8，内卷认知维度CR值为0.8071，大于0.8，内卷情绪维度CR值为0.8712，大于0.8，符合预期标准，说明该量表具有较好的建构信度。采用平均载荷萃取量AVE值来进一步检验量表的收敛效度和判别效度，本次研究内卷行为维度AVE为0.5985，大于0.5，内卷认知维度AVE为0.5127，大于0.5，内卷情绪维度AVE为0.5322，大于0.5，各维度指标均符合预期要求，说明量表较为理想，收敛效度良好。上述指标都在

较好的范围内，反映了内卷的行为、内卷的认知和内卷的情绪模型均具有较好的适配性。

5.3.3 内卷最终量表

根据量表开发初期的初始调研和后期的正式调研等一系列量表的开发和检验，我们得到了有关内卷的最终量表，详见附录 B，一共包含 16 个题项，其中内卷的行为维度 6 个题项、内卷的情绪维度 6 个题项、内卷的认知维度 4 个题项，具体如表 5-6 所示。

表 5-6 工作内卷最终量表

维度	题号	题项
内卷认知	WI1	工作中我有很强的进取心，事事都要争当优秀
	WI2	我喜欢创造性工作，不喜欢做重复的事情
	WI3	我会因为周围人都很拼，所以自己也逼迫自己努力
	WI4	我觉得大家都会的技能，自己也必须掌握
内卷行为	WI7	工作首先是要让领导满意，实际效果没那么重要
	WI8	即使没什么实际工作，我也要表现得很忙碌
	WI9	在单位里，通常别人做什么我就做什么，这样比较轻松
	WI10	我会把简单的问题复杂化，让自己看起来很忙碌
	WI11	如果周围人不下班，那么我也不下班
	WI12	在团队工作中，我经常暗自和同事比较工作时长
内卷情绪	WI13	工作中空耗时间的身心疲累让我感到倦怠
	WI14	单位内部工作细节方面无休止的过度竞争让我感到焦虑
	WI15	我会因为没有完成比别人更多的工作量而感到不安
	WI16	如果身边的人很努力，而自己没有努力的话，会有负罪感
	WI17	工作中低于预期的收益让我感到挫败
	WI18	被迫参与竞争的超负荷压力让我对未来的工作感到迷茫

5.4　本章小结

　　本章在基于内卷维度结构模型的基础上编制了共含 16 个题项的内卷量表。与现有的内卷量表相比，描述更为具体全面，弥补了现有测量量表的不足。实证分析表明，该量表具备良好的信度、效度，且通过了探索性因子分析和验证性因子分析的检验，符合可操作化的有效量表标准，具有较高的可靠性和准确性，可用于后续研究中的测量与评估工作。

第6章 职业冲击事件对非理性内部竞争行为的影响机制研究

6.1 研究假设

本书中的非理性内部竞争行为主要指内卷，所以本章内容主要研究职业冲击事件对内卷这一非理性内部竞争行为的影响机制。

（1）职业冲击事件与非理性内部竞争行为工作内卷的关系

当前，数字经济背景下各类冲击事件频发，对员工个体职业发展产生的影响愈加明显，特别是数字技术对部分劳动的替代效应，使非理性内部竞争现象也在不断加重，而探究数字经济下的职业冲击事件与员工工作内卷之间关系的研究较少。但是目前研究已经表明职业冲击事件会对员工工作行为和职业行为产生影响。具体地，职业冲击事件会对员工的离职、组织公民行为和反生产行为以及职业转换、职业决策等产生影响。Holtom 等（2010）通过研究发现，消极职业冲击事件会通过影响员工工作嵌入来对后续员工求职和反生产行为产生影响。此外，也有研究表明事件能够影响个体的动机，从而对职业发展特别是职业转换产生显著影响（Hirschi & Valero，2017）。而内卷作为当前员工极易出现的一种负面工作场所行为，也可能会受到负面职业冲击事件的影响。尤其是随着数字技术的快速发展，数字经济也在不断对个体职业发展产生影响，员工在数字经济背景下经历的各类负面影响职业冲击事件不断增多，当这些冲击事件发生时，会促使员工思考或者重新评估当前的职业状态，产生职业焦虑或是恐惧心理，在此过程中导致工作内卷的发生。基于此结合我们选取的数字经济背景下的职业冲击事件的消极性质，本部分认为这些职业冲击事件会影响工作内卷，并提出假设：

H1：职业冲击事件正向影响工作内卷。

（2）职业冲击事件与工作不安全感的关系

根据情感事件理论，员工在经历工作事件后会产生一定的情感反应，这些情感反应又会进一步影响其工作态度及行为。而工作不安全感作为个体面对工作与工作特征方面的威胁产生担忧的心理感知，会受到那些对个体的职业发展造成消极影响的事件的影响。结合实际来看，数字经济背景下数字信息技术快速发展，越来越多的员工在其个人职业生涯中更加频繁地受到数字技术所带来的冲击，特别是数字经济在就业机会、技能更新、收入、隐私和数据安全以及数字鸿沟等方面带来的挑战使员工的工作不安全感愈加明显。

在本部分中，我们选取的数字经济背景下的职业冲击事件主要侧重于一些消极事件，员工在经历这些职业冲击事件后，可能遭受的影响涉及工作和生活多方面，带给员工一定的消极情绪，个人的工作积极性会逐渐下降，对压力和焦虑的感知会逐渐上升，引发员工的地位焦虑，由此工作不安全感会直线提升。李昂（2023）在探究新冠疫情背景下消极职业冲击事件的影响时，发现消极事件会对员工心理状态产生不利影响，员工个人在疫情背景下遭受消极职业冲击事件后会加剧个人的职业焦虑和工作不安全感。除此之外，该研究也证明了消极职业冲击事件会降低员工的职业满意度和可雇佣性。基于资源保存理论，Hofer 等（2019）指出消极的职业冲击事件与工作不安全感呈现显著正相关，与职业乐观呈现显著负相关；除此之外，消极职业冲击事件会通过工作不安全感对职业乐观产生负向的间接作用。基于此，我们根据情感事件理论尝试进一步验证冲击事件与工作不安全感之间的关系，并提出如下假设：

H2：职业冲击事件正向影响员工工作不安全感。

（3）职业冲击事件与强迫型工作激情的关系

数字经济的快速发展给个体职业生涯带来了更多的冲击与挑战，而在面对这些冲击时，如何让员工个体更好地应对是我们需要重点关注的。基于此，我们需要了解这些职业冲击对员工的具体影响机制。根据情绪 ABC 理论，员工经历工作事件到产生一定的行为后果之间会先产生对这些事件的认知和信念以及情感反应，即员工在经历各类职业冲击事件后会产生态度感知，进而影响工作行为结果。为探究数字经济背景下某些冲击事件在企业员工身上的具体作用机制，我们引入了强迫型工作激情。强迫型工作激情作为一种通过个体控制性认知实现内化的工作激情，相较和谐型工作激情，其带来的影响更倾向于负面，如工作倦怠、"磨洋工"、反生产行为和越轨行为等。而当员工在经历某些负面的职业冲击事件时，带来的影响会使员工改变当前的工作态度与感知，对员工工作激情产生消极影响，极易带来强迫型工作激情。

Mansur 和 Felix（2021）指出，负面的职业冲击如遭受解雇或者组织中非常重要的伙伴离职等会产生愤怒、焦虑或沮丧情感反应，这些情感反应会减少个人学习和成长的动机和资源。这些都是强迫型工作激情的重要表现。由于本部分框选了数字经济背景下职业冲击事件中的消极事件来展开对冲击事件的相关研究，所以我们提出如下假设：

H3：职业冲击事件正向影响强迫型工作激情。

（4）工作不安全感与工作内卷的关系

在已有研究中，有关内卷的诱发因素主要集中在个体（群体）心理角度和所处的外部环境两个方面，其中从个体（群体）内部心理角度阐述个体（群体）陷入内卷的内生动力主要是基于个体（群体）的内部心理机制展开的。如今，数字技术的快速发展在给人们带来各种发展机遇的同时，也带来了沉重压力，重压之下各种负面的情绪悄然积累，由工作场所下的地位焦虑引发的工作不安全感成为催发工作内卷的重要原因之一。

如前所述，职业冲击事件会引发员工的工作不安全感，基于情感事件理论的工作事件—情感反应—行为反应的逻辑链条，职业冲击事件在影响工作不安全感后会对员工工作行为产生一定影响。根据现有的研究结果，工作不安全感被视为一种负面的心理感知，会对员工心理健康及工作行为产生造成负面影响。Lur-wegM（2022）研究发现员工的工作幸福感与感知到工作不安全感息息相关，其对工作幸福感的负向影响甚至高于真正失去了工作机会。除此之外，工作不安全感还会降低员工的组织承诺及工作满意度（König et al.，2011；Jiang & Probst，2019；Ito & Brotheridge，2007），带来工作倦怠和情绪耗竭（König et al.，2011；Kinnunen et al.，2014）。工作不安全感也会对员工创新行为产生负面影响，向芹

（2020）认为，员工工作不安全感对员工创新行为具有显著的负向影响。而工作内卷作为一种消极的工作表现是指在职场环境下，员工个体在资源受限的情形下处于工作投入与产出不平衡状态下的非理性竞争模式，主要表现为工作的不断复杂化和精细化，传达出群体性的社会焦虑，陷入工作内卷的员工会遭遇焦虑、压力、倦怠、内耗等一系列消极情绪的长期困扰。员工在感知到工作不安全感后会对工作心理和行为表现产生消极作用，这种负面影响很可能会推动员工陷入工作内卷。因此，本部分认为工作不安全感会在一定程度上增强员工的工作内卷，并提出如下假设：

H4：工作不安全感会正向影响工作内卷。

（5）强迫型工作激情与工作内卷的关系

根据当前研究现状，以开展一项活动的内在压力为特征的强迫型工作激情对工作结果产生的更多是负面作用。Forest 等（2011）的研究探讨了工作激情和最佳功能结果之间的关系，结果显示，强迫型工作激情对心理健康有直接的负向预测，与自我目标体验呈现弱相关。根据 Vallerand（2010）的观点，那些具有强迫型工作激情的员工在工作和家庭生活之间难以划定清晰的界限并从中解脱，这种情况不仅会降低工作效率，还极易造成冲突。朱晓萌（2021）通过以企业正式员工为研究样本，认为强迫型工作激情与组织公民行为及其子维度均存在负相关关系。

强迫型工作激情的员工虽然表面上看起来对工作很有激情，但实际上，他们很大程度上是受到外部利益或压力的驱使而不得不如此。对这部分群体来讲，工作是他们的首要任务，因此他们对工作目标极为重视，这类激情可能源于社会接纳或自尊的需要。因而，在实现工作目标的过程中，员工可能会为了追求奖金，营造良好的组织声望和领导关系等，而倾向于做出追求短期利益的自利行为。在这些动机的驱动下，员工可能会不再追求内在价值，而是将注意力转向如何迎合当前考核机制或是追求以量制胜，开始陷入无意义的重复，陷入非理性竞争，进而陷入工作内卷。基于此，本部分认为强迫型工作激情会增强员工的工作激情，并提出如下假设：

H5：强迫型工作激情会正向影响工作内卷。

（6）强迫型工作激情与工作不安全感的双中介作用

回顾以往研究发现，目前对工作内卷的产生原因路径研究较少，具体的前因变量研究也较为缺乏，大多停留在理论概述层面。对员工面临的职业冲击事件与工作内卷之间是否存在确切的关系以及是否存在中介影响机制也不明确，对内部作用机制的探索还不够深入。已有研究表明职业冲击事件会影响员工工作态度与感知、职业乐观和工作满意度等，而工作不安全感和强迫型工作激情都是重要的态度与感知变量；对职业冲击事件是否会通过不同的路径影响员工的工作内卷现有研究还未做出充分的解释和验证。

如前所述，数字经济在提高劳动生产率的同时也对就业岗位产生了替代效应，企业员工在感知到这些冲击事件时极易产生不安全感，影响员工的工作态度和感知。根据情感事件理论和情绪 ABC 理论的核心假设，本部分认为具有消极影响的职业冲击事件作为工作场所事件能够通过两种不同的路径过程来对员工的工作内卷产生正向影响：一方面，这类职业冲击事件发生后，会引发员工个体对职业生涯和工作的审慎思考，激发员工对这些事件的负面情感反应，形成工作不安全感，然后工作不安全感会迫使员工为保持或改变工作状态而采取一系列行动，在此过程中引发员工工作内卷。另一方面，这些具有负面影响的职业冲击事件的出现会导致个体产生一种内在的职业发展压力，强迫个体投入自己的工作中来维持职业发展，使员工对工作有一种僵化的坚持（Vallerand et al.，2010），被迫或被控制地参与到某一工作中去，花费大量的时间和精力工作绩效却没有提升，进而导致员工工作内卷的发生。

综上所述，本部分认为工作不安全感和强迫型工作激情在职业冲击事件对员工工作内卷的影响过程中起到了双中介作用，并提出以下假设：

H6a：工作不安全感中介了职业冲击事件对员工工作内卷的作用过程。

H6b：强迫型工作激情中介了职业冲击事件对员工工作内卷的作用过程。

（7）员工心理韧性的调节作用

数字经济的快速发展带来技术上更新迭代的同时，也给个人带来了更多新挑战和新冲击，包括数字技术发展带来的传统雇佣关系的变化、职业的分化及就业空间的变化等问题，而这些新挑战和新冲击更需要个体拥有较强的心理韧性才能更好地应对。积极心理学认为，心理韧性是指个体在逆境、创伤或其他消极事件中能够成功应对、适应良好的反弹能力（韩芳，2017），它可以帮助个体战胜困难和承受压力，让其能更好地适应工作环境，提升对职业的信心。已有研究表明，心理韧性存在低水平组、中等偏低组、中等偏高组和高水平组四个潜在类别（潘文浩等，2021），相较低心理韧性水平组的个体，心理处在中等水平以上心理韧性组的个体，他们更能应对复杂的职业环境和人际关系，能够以积极乐观的态度面对工作中的压力和困难，并在必要时刻适时进行自我调节以减轻工作焦虑。由此，当经历相同的消极的职业冲击事件时，心理韧性强的员工工作不安全感的程度会较小；相反，心理韧性弱的员工在经历消极职业冲击事件后所感受到的工作不安全感会更强烈。

消极的工作事件对员工具有负面影响，能够引发其消极情绪的产生。然而，由于成长经历、性格特征等方面存在差异，不同个体对同一事件的反应可能各不相同。由此，具有不同心理韧性水平的个体在同一职业冲击事件下的情感反应应该存在差异。基于上述分析，本部分认为员工的心理韧性能够削弱职业冲击事件对工作不安全感的正向影响作用进而负向调节职业冲击事件与员工工作内卷之间的作用关系，即对于心理韧性得分较高的员工，职业冲击事件对工作不安全感的影响会更弱。

H7a：员工心理韧性负向调节职业冲击事件与工作不安全感的关系。

H7b：员工心理韧性负向调节工作不安全感在职业冲击事件与员工工作内卷之间的中介过程。

（8）工作投入的调节作用

基于上述假设，我们认为员工个体在经历数字经济发展带来的冲击时，会对员工的态度感知等产生影响，而员工工作投入程度的不同可能会对这一过程产生不同的影响。按照Schaufeli等对工作投入的定义，它是一种与工作相关的、积极的、令人满意的心理状态，表现为一种持久且普遍的情感—认知状态，能够对员工产生积极的影响。基于情感事件理论，有研究者指出，积极的情感能够减弱消极职业冲击事件带来的不良影响，减少消极职业冲击对职业生涯适应力以及通过职业生涯适应力对工作繁荣的影响，而工作投入作为一种积极的心理状态可能会削弱负面职业冲击事件带来的影响。

在经历消极的职业冲击事件后，员工的心理状态发生变化，对个体的职业生涯开始审慎思考，激发了对这些消极事件的负面情感反应，形成强迫型工作激情，产生负面的工作内卷行为。而在此阶段，不同员工工作状态的不同，对最终工作内卷行为也会产生不同的影响，拥有高工作投入的员工会以积极乐观的态度来调整当前工作状态，降低强迫型工作激情带来的员工的负面工作行为；而低工作投入的员工则会加重员工的消极工作情绪，进而加重员工负面的工作行为。基于上述分析，本部分认为员工的工作投入能够削弱强迫型工作激情对工作内卷的正向影响作用进而负向调节强迫型工作激情与员工工作内卷之间的作用关系，即对于工作投入得分较高的员工，强迫型工作激情对工作内卷的影响会更弱。

H8a：员工工作投入负向调节强迫型工作激情与工作内卷的关系。

H8b：员工工作投入负向调节强迫型工作激情在职业冲击事件与员工工作内卷之间的中介过程。

综上，本部分基于情感事件理论、情绪 ABC 理论，结合相关研究现状探讨数字经济背景下职业冲击事件对员工个体的影响机制，同时引入工作不安全感和强迫型工作激情作为中介变量，员工心理韧性和工作投入作为调节变量，以工作内卷作为结果变量，构建了职业冲击事件对工作内卷的有调节的双中介模型，如图 6-1 所示：

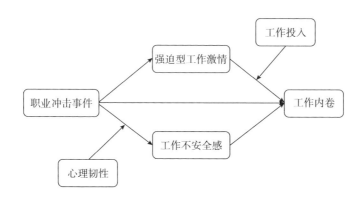

图 6-1　研究模型

6.2 研究方法

在研究设计与样本选取上，本部分有针对性地选取样本进行数据采集，主要选取至少已经工作两年的员工作为研究样本，包括制造业、互联网、金融、教育等领域，人员分布较广；主要采取线上问卷的形式来收集数据，问卷内容详见附录C。其中，共发放回收问卷460份，剔除无效问卷47份，得到有效问卷413份，样本有效率为89.8%，样本数量、质量具有一定代表性，符合本书研究需要。

样本具体信息如表6-1所示。

表6-1 样本特征

统计指标	具体分类	频数	百分比（%）
性别	男	162	39.2
	女	251	60.8
年龄	25岁以下	81	19.6
	25~30岁	82	19.9
	31~35岁	73	17.7
	36~40岁	77	18.6
	41~45岁	54	13.1
	45岁以上	46	11.1
教育背景	高中及以下	63	15.3
	专科	90	21.8
	本科	164	39.7
	硕士	66	16
	博士	30	7.3
工作年限	3年以下	106	25.7
	3~5年	78	18.9
	6~10年	79	19.1

续表

统计指标	具体分类	频数	百分比（%）
工作年限	11~15 年	60	14.5
	15 年以上	90	21.8
部门类型	生产相关业务部门	43	10.4
	研发相关业务部门	42	10.2
	市场营销业务部门	41	9.9
	财务部门	35	8.5
	人力资源部门	54	13.1
	后勤部门	31	7.5
	综合行政部门	42	10.2
	其他	125	30.3
单位性质	民营企业	121	29.3
	国有企业	95	23
	外资企业	42	10.2
	股份制企业	49	11.9
	其他	106	25.7
员工类型	普通员工	245	59.3
	基层管理者	82	19.9
	中层管理者	53	12.8
	高层管理者	33	8
企业规模	50 人以下	120	29.1
	50~200 人	134	32.4
	201~500 人	74	17.9
	501~1000 人	43	10.4
	1001 人以上	42	10.2

由表6-1可知，在本次研究样本中，男性数量占总样本的39.2%（162人），女性数量占总样本的60.8%（251人），性别比例较为适中；从年龄结构上来看，20~35岁中青年人员占比最高，为57.2%（236人），45岁以上的员工占11.1%；从教育背景来看，84.8%（350人）的员工具备大专及以上学历，总体的受教育水平较高；从工作年限来看，10年以内工作年限的员工有263人，占

63.7%；从企业类型来看，民营企业占比较高，为29.3%；从员工类型来看，一半以上的调查对象为普通员工，占59.3%，高层管理者占比最少，为8%；从企业规模来看，所在企业规模集中在200人以内的占61.5%，201~500人的企业占17.9%，1000人以上的占10.2%。

6.3　测量工具及信效度检验

6.3.1　测量工具

（1）职业冲击事件的测量

职业冲击事件的测量主要采用现有的成熟量表（Kraimer et al.，2019），由于本部分主要探究数字经济背景下对员工产生负面影响的职业冲击事件对工作内卷的影响，因此主要选取职业冲击事件中的消极职业冲击事件维度，将其框定在数字经济的大背景下，共6个题目，包括负面绩效评价等。在（2）中，该量表的Cronbach'α系数为0.769>0.7；KMO值为0.833，Bartlett球形度检验显著。

（2）工作内卷的测量

工作内卷量表主要采用（1）中开发的工作内卷量表，包括工作内卷的情绪维度、工作内卷的行为维度和工作内卷的认知维度三个维度共16道题目。具体题目包括"工作中空耗时间的身心疲累让我感到倦怠"，"我会因为没有完成比别人更多的工作量而感到不安"，"即使没什么实际工作，我也要表现得很忙碌"等，其中有一项需反向编码。该量表的Cronbach'α系数为0.845，大于0.7；KMO值为0.919，Bartlett球形度检验显著。

（3）工作不安全感的测量

本部分采用Hellgren Severke和Isaksson在1999年开发的工作不安全感量表，共两个维度7个题项。其中，质量型工作不安全感的4个题项需反向编码。该量表的Cronbach'α系数为0.706，大于0.7；KMO值为0.757，Bartlett球形度检验显著。

（4）强迫型工作激情的测量

本部分对强迫型工作激情变量的测量主要选取 Vallerand 等编制的激情量表，该量表已被众多学者证明具有高信度。此量表包含和谐型激情和强迫型激情两个子量表，本研究选取强迫型工作激情量表，共包含 7 个题项。该量表的 Cronbach'α 系数为 0.701，大于 0.7；KMO 值为 0.776，Bartlett 球形度检验显著。

（5）心理韧性的测量

心理韧性变量测量量表主要采用 Luthans 等制定的量表。该量表题项内容与工作场所相关，且在先前的研究中已得到广泛的应用并取得了重要的心理测量学支持。（2）中该量表的 Cronbach'α 系数为 0.781，大于 0.7；KMO 值为 0.850，Bartlett 球形度检验显著。

（6）工作投入的测量

工作投入量表主要采用 Schaufeli 等制定的 UWES 简版量表，三个维度共 9 个题目。在（2）中，该量表的 Cronbach'α 系数为 0.852，大于 0.7；KMO 值为 0.916，Bartlett 球形度检验显著。

6.3.2　验证性因子分析与共同方法偏差检验

（1）验证性因子分析

我们借助 AMOS 软件对各变量进行验证性因子分析，结果如表 6-2 所示，六因子模型（职业冲击事件 CS、工作不安全感 JI、强迫型工作激情 OP、工作投入 WE、心理韧性 PR、工作内卷 WI）拟合效果与其他模型相比要更加优秀（χ^2 = 231.380，df = 62.000，χ^2/df = 3.732，RMSEA = 0.081，CFI = 0.941，TLI = 0.914，RMR = 0.058，GFI = 0.929，IFI = 0.942），这说明各变量间具有良好的区分效度，可以进行后续分析。

表 6-2　验证性因子分析

模型	χ^2	df	χ^2/df	RMSEA	CFI	TLI	RMR	GFI	IFI
CS；OP；JI；WE；PR；WI	231.380	62.000	3.732	0.081	0.941	0.914	0.058	0.929	0.942
CS；$OP+JI$；WE；PR；WI	702.964	67.000	10.492	0.152	0.779	0.700	0.137	0.787	0.781
CS；$OP+JI$；$WE+PR$；WI	578.466	71.000	8.147	0.132	0.824	0.774	0.096	0.817	0.825

续表

模型	χ^2	df	χ^2/df	RMSEA	CFI	TLI	RMR	GFI	IFI
$CS+WI$；$OP+JI$；$WE+PR$	609.889	74.000	8.242	0.133	0.814	0.771	0.096	0.812	0.815
$CS+WI+OP+JI$；$WE+PR$	744.728	76.000	9.799	0.146	0.767	0.722	0.121	0.768	0.769
$CS+WI+OP+JI+WE+PR$	1330.255	77.000	17.276	0.199	0.564	0.485	0.138	0.549	0.566

（2）共同方法偏差检验

在对企业员工进行调查研究时，由于所有研究变量是由一个员工独自完成一整份的调查问卷，即数据均来自企业员工的自我报告，所以这一过程可能会存在共同方法偏差问题。因此在进行回归分析之前我们必须要对数据进行共同方法偏差检验，这一过程主要采用 Harman 单因子检验和验证性因子分析来检验共同方法偏差。采用 Harman 单因子检验主要是检验是否只能提取一个因子或者用一个因子能解释大部分的方差变异。我们将本部分所涉及的所有变量的题项进行探索性因子分析，检验未旋转的因素分析结果。数据结果显示，不存在一个因子能够解释大部分方差变异的情况，特征根大于 1 的因子不止一个，说明不存在严重的共同方法偏差。在此基础上，进一步采用验证性因子分析来检验共同方法偏差。研究结果显示，单因素模型的拟合效果较差（$\chi^2 = 1330.255$，df = 77，$\chi^2/df = 17.276$，RMSEA = 0.199，CFI = 0.564，TLI = 0.485，RMR = 0.138，GFI = 0.549，IFI = 0.566），不能解释假设模型中的所有构念，说明不存在严重的共同方法偏差，相关数据可以继续进行后续的实证分析。

6.4 各变量相关性分析

在进行回归分析之前，需要先对各变量之间的相关性进行验证。我们主要借助 SPSS26.0 工具对职业冲击事件和工作内卷、强迫型工作激情、工作不安全感、工作投入、心理韧性等变量之间的关系进行检验，结果如表 6-3 所示。

表6-3　变量的均值（M）、标准差（SD）和相关系数

变量	M	SD	1	2	3	4	5	6	7	8	9	10	11	12	13	14
1. 性别	1.610	0.489	1													
2. 年龄	3.190	1.632	-0.04	1												
3. 教育背景	2.780	1.111	-0.131**	-0.132**	1											
4. 工作年限	2.880	1.491	0.031	0.503**	-0.240**	1										
5. 部门类型	5.180	2.500	0.172**	0.053	-0.091	0.022	1									
6. 单位性质	2.820	1.587	0.079	0.058	-0.002	0.096	0.248**	1								
7. 员工类型	1.690	0.975	0.003	0.06	-0.006	0.158**	-0.203**	-0.03	1							
8. 企业规模	2.400	1.282	-0.015	-0.014	-0.097*	0.097*	-0.043	0.053	0.149**	1						
9. 职业冲击事件	3.017	0.841	-0.103*	-0.112*	0.031	-0.188**	-0.102*	-0.016	-0.087	-0.098*	1					
10. 工作内卷	3.016	0.726	-0.147**	-0.154**	0.032	-0.235**	-0.109*	-0.073	-0.082	-0.098*	0.730**	1				
11. 强迫型工作激情	2.941	0.760	-0.098*	0.00	0.103*	0.01	-0.208**	-0.143**	0.072	0.147**	0.177**	0.236**	1			
12. 员工工作不安全感	2.815	0.704	-0.104**	-0.109*	0.021	-0.218**	0.022	0.026	-0.099*	-0.167**	0.614**	0.581**	-0.067	1		
13. 员工心理韧性	3.367	0.814	0.089	0.194**	-0.071	0.214**	-0.036	-0.057	0.025	0.190**	-0.271**	-0.307**	0.195**	-0.525**	1	
14. 工作投入	3.183	0.837	0.032	0.132**	0.022	0.169**	-0.153**	-0.091	0.073	0.221**	-0.244**	-0.274**	0.444**	-0.527**	0.620**	1

注：* 表示 $p<0.05$，** 表示 $p<0.01$。

从表6-3可知，职业冲击事件与工作内卷、工作不安全感、强迫型工作激情、工作投入、员工心理韧性之间的相关关系系数值均呈现显著性。具体来看，职业冲击事件与工作内卷之间的相关系数值为0.730，大于0，且p<0.01，这说明职业冲击事件与员工工作内卷之间存在显著的正相关关系；职业冲击事件与员工工作不安全感之间的相关系数值为0.614，大于0，且p<0.01，说明职业冲击事件与员工工作不安全感之间有着显著的正相关关系；职业冲击事件与强迫型工作激情之间的相关系数值为0.177，大于0，且p<0.01，说明职业冲击事件与强迫型工作激情之间有着显著的正相关关系；职业冲击事件与员工心理韧性之间的相关系数值为-0.271，小于0，p<0.01，说明职业冲击事件与员工心理韧性之间有着显著的负相关关系；职业冲击事件与工作投入之间的相关系数值为-0.244，小于0，p<0.01，说明职业冲击事件与工作投入之间有着负相关关系。综上来看，自变量职业冲击事件与因变量工作内卷以及中介变量工作不安全感、强迫型工作激情和调节变量员工心理韧性和工作投入变量均呈现0.01水平上的显著性，符合我们的预期，可以进行后续的回归分析。

6.5　回归分析

（1）职业冲击事件对工作内卷的影响检验

为检验职业冲击事件—工作内卷这一影响路径是否存在，我们对相关变量进行回归分析，具体如表6-4所示。

由模型6可知，职业冲击事件对于员工工作内卷产生影响时，标准化路径系数值为0.698，大于0，并在这一过程中呈现0.001水平上的显著性（$\beta = 0.698$，$p < 0.001$），因而可以进一步得到职业冲击事件与工作内卷呈现正相关关系，假设H1得到证实。

（2）工作不安全感的中介效应检验

为了检验职业冲击事件—工作不安全感—工作内卷这一路径中的线性回归关系是否存在以及工作不安全感在路径中的中介效应是否成立，我们进行相关回归分析，详细结果如表6-4所示。

表 6-4　职业冲击事件对强迫型工作激情、工作不安全感、工作内卷的回归分析

变量	强迫型工作激情		工作不安全感					工作内卷			
	模型 1	模型 2	模型 3	模型 4	模型 5	模型 6	模型 7	模型 8	模型 9	模型 10	模型 11
控制变量											
性别	-0.046	-0.03	-0.115*	-0.062	-0.134**	-0.072*	-0.123**	-0.071	-0.068*	-0.059	-0.052
年龄	0.015	0.022	-0.023	-0.003	-0.062	-0.039	-0.066	-0.049	-0.041	-0.038	-0.041
教育背景	0.105*	0.113*	-0.059***	-0.034	-0.058	-0.028	-0.084	-0.025	-0.041	-0.021	-0.038
工作年限	0.027	0.057	-0.202	-0.108*	-0.193***	-0.081*	-0.2***	-0.082	-0.088*	-0.059	-0.064
部门类型	-0.155**	-0.135**	0.013	0.079	-0.095	-0.017	-0.057	-0.102*	-0.001	-0.033	-0.015
单位性质	-0.111*	-0.119*	0.059	0.036	-0.014	-0.041	0.014	-0.046	-0.027	-0.048	-0.031
员工类型	0.01	0.022	-0.039*	0.001	-0.055	-0.007	-0.057	-0.033	-0.01	-0.007	-0.011
企业规模	0.153**	0.168***	-0.152	-0.102*	-0.083	-0.023	-0.12*	0.001	-0.043	-0.002	-0.025
职业冲击事件		0.187***		0.586***		0.698***			0.677***	0.579***	0.529***
强迫型工作激情							0.246***		0.117***		0.154***
工作不安全感								0.551***		0.204***	0.239***
R²	0.087	0.12	0.088	0.409	0.097	0.552	0.152	0.374	0.564	0.577	0.597
F 值	4.813	6.083	4.88	30.976	5.417	55.191	8.048	26.741	52.042	54.754	53.962

注: * 表示 p<0.05, ** 表示 p<0.01, *** 表示 p<0.001。

由模型 4 可知，职业冲击事件作用于工作不安全感时，标准化路径系数值为 0.586，大于 0，并且该路径呈现 0.001 水平上的显著性（β = 0.586，p<0.001），证明职业冲击事件与工作不安全感呈正相关关系，假设 H2 得到证实；由模型 8 可知，工作不安全感对员工工作内卷影响时，标准化路径系数值为 0.551，大于 0，且此路径呈现 0.001 水平上的显著性（β = 0.551，p<0.001），因而证明工作不安全感与工作内卷之间存在正相关关系，假设 H4 获得了支持；由模型 10 可知，工作不安全感对员工工作内卷有正向预测作用（β = 0.204，p<0.001），初步验证工作不安全感在职业冲击事件与员工工作内卷中起中介作用。

（3）强迫型工作激情的中介效应检验

根据表 6-4，由模型 2 可知，职业冲击事件作用于强迫型工作激情时，标准化路径系数值为 0.187，大于 0，并且此路径呈现 0.001 水平上的显著性（β = 0.187，p<0.001），因而证明职业冲击事件与强迫型工作激情呈正相关关系，假设 H3 得到证实；由模型 7 可知，强迫型工作激情作用于员工工作内卷时，标准化路径系数值为 0.246，大于 0，且此路径呈现 0.001 水平上的显著性（β = 0.246，p<0.001），因而证明强迫型工作激情与工作内卷之间存在正相关关系，假设 H5 获得支持；由模型 9 可知，强迫型工作激情对员工工作内卷有正向预测作用（β = 0.117，p<0.001），初步验证强迫型工作激情在职业冲击事件与员工工作内卷中起中介作用。

（4）工作不安全感与强迫型工作激情双中介效应检验

经典的分层回归分析方法的结果可能不够精确。因此，为进一步验证员工工作不安全感和强迫型工作激情在职业冲击事件—工作内卷这一过程中的中介效应是否显著，本部分再次利用 SPSS Process 对数据进行分析。为确保结果的准确性，采用偏差校正的非参数百分位 Bootstrap 法检验中介效应，重复抽取 5000 次，得到 95% 的置信区间，运行软件得到回归方程的各项指标以及模型的各路径系数结果如表 6-5 所示。

表 6-5　工作不安全感、强迫型工作激情的双中介作用的 **Bootstrap** 检验结果

	Effect	BootSE	BootLLCI	BootULCI
总效应	0.6027	0.03	0.543	0.662

续表

	Effect	BootSE	BootLLCI	BootULCI
直接效应	0.4568	0.0337	0.3918	0.5253
间接效应				
强迫型工作激情	0.0249	0.0095	0.0089	0.0458
工作不安全感	0.121	0.0243	0.0734	0.1693

当职业冲击事件作为自变量、工作内卷作为因变量、工作不安全感和强迫型工作激情同时作为中介变量时，总效应置信区间（95%CI）为［0.543，0.662］，区间在 0 点右侧，不包括 0；工作不安全感的间接效应值为 0.121，间接效应置信区间（95%CI）为［0.0734，0.1693］，区间在 0 点右侧，不包括 0，说明工作不安全感的中介效应显著；强迫型工作激情的间接效应值为 0.0249，间接效应置信区间（95%CI）为［0.0089，0.0458］，区间在 0 点右侧，不包括 0，说明强迫型工作激情的中介效应显著。

由以上结果可知，在职业冲击事件—工作内卷中，工作不安全感和强迫型工作激情同时负担了中介作用，两者同时存在，假设 H6a 和 H6b 得到验证。

综合以上实证结果可以得出结论：工作不安全感与强迫型工作激情在职业冲击事件对工作内卷的影响中的机制不同，工作不安全感与强迫型工作激情的双中介模型成立。

（5）工作投入的调节作用检验

本部分分析指出工作投入作用于职业冲击事件、强迫型工作激情与工作内卷的路径。表 6-5 已经指出，职业冲击事件这一前因变量对强迫型工作激情具有显著正向影响，还需进一步验证工作投入对职业冲击事件、强迫型工作激情与工作内卷关系的调节作用，详细结果如表 6-6 所示。

表 6-6　心理韧性和工作投入的调节效应检验

变量	工作不安全感		工作内卷	
	模型 12	模型 13	模型 14	模型 15
控制变量				

续表

变量	工作不安全感		工作内卷	
	模型 12	模型 13	模型 14	模型 15
性别	−0.029	−0.033	−0.082	−0.071
年龄	0.047	0.049	−0.027	−0.023
教育背景	−0.034	−0.029	−0.066	−0.051
工作年限	−0.069	−0.076	−0.149**	−0.147**
部门类型	0.053	0.05	−0.089	−0.104*
单位性质	0.006	0.005	−0.007	−0.006
员工类型	−0.021	−0.024	−0.066	−0.079
企业规模	−0.038	−0.041	−0.053	−0.071
自变量				
职业冲击事件	0.503***	0.496***		
中介变量				
强迫型工作激情			0.418***	0.423***
工作不安全感				
调节变量				
员工心理韧性	−0.372***	−0.381***		
工作投入			−0.425***	−0.462***
交互项				
职业冲击事件 * 员工心理韧性		0.042		
强迫型工作激情 * 工作投入				−0.14**
R^2	0.526	0.528	0.285	0.303
F 值	44.62	40.706	16.035	15.813

注：* 表示 $p<0.05$，** 表示 $p<0.01$，*** 表示 $p<0.001$。

模型 15 中，我们将强迫型工作激情与工作投入的交互项加入回归式中发现，工作投入对强迫型工作激情和工作内卷之间的负向调节效应显著（$\beta=-0.14$，$p<0.01$），假设 H8a、H8b 得到证实。由此可判断，工作投入在强迫型工作激情与工作内卷的正向影响中起到负向调节作用。

为更明确地判断假设 H7 所提到的调节效应成立，以工作投入均值为基础加减一个标准差，绘制了如图 6-2 所示的调节效应图。工作投入处于高水平时的强迫型工作激情对工作内卷的斜率明显低于员工工作投入处于低水平时的斜率。即在工作投入低的情况下，强迫型工作激情对工作内卷的正向影响相对更强（$\beta = 0.5266$，$p<0.001$）；而当工作投入较高时，强迫型工作激情对工作内卷的正向影响较弱（$\beta = 0.2818$，$p<0.001$），这与假设 H8 的预测一致。因此，与高水平的工作投入相比，较低水平的工作投入情景下，强迫型工作激情对工作内卷之间的正向关系更强。

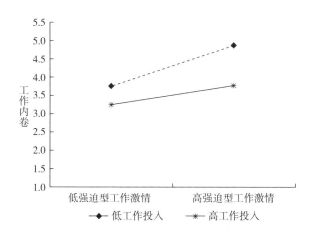

图 6-2　工作投入对强迫型工作激强—工作内卷关系的调节效应

（6）员工心理韧性的调节作用检验

本部分指出心理韧性作用于职业冲击事件、工作不安全感与工作内卷的路径。前文已经指出，职业冲击事件这一前因变量对工作不安全感中介变量具有显著正向影响，还需进一步验证员工心理韧性对职业冲击事件、工作不安全感与工作内卷关系的调节作用。

表 6-6 模型 13 中我们将职业冲击事件与员工心理韧性的交互项加入回归式中发现，员工心理韧性对职业冲击事件和工作不安全感之间的负向调节效应不显著（$\beta = 0.042$），假设 H7a 得不到证实。由此可判断，员工心理韧性在职业冲击事件与工作不安全感的正向影响中没有起到负向调节作用。

（7）有调节的中介作用检验

根据上文，我们已经对中介和调节效应进行了检验，本部分进一步检验工作投入和员工心理韧性在职业冲击事件、强迫型工作激情、工作不安全感与工作内卷路径上有调节的中介效应。在该阶段，我们主要利用 SPSS Process，采用 Bootstrap 法，重复抽取 5000 次，设定为 95% 水平的置信区间，具体结果如表 6-7 所示：

表 6-7　工作投入有调节的中介效应检验

变量	指标	Effect	BootSE	BootLLCI	BootULCI
工作投入	M-1SD	0.0462	0.0154	0.0186	0.0792
	M	0.0347	0.012	0.0137	0.0602
	M+1SD	0.0232	0.0117	0.0035	0.0481

由表 6-7 可知，在低工作投入水平下，职业冲击事件通过强迫型工作激情对于工作内卷的间接影响是显著的，效应值为 0.0462，间接效应置信区间（95% CI）为 [0.0186，0.0792]，在 0 右侧，不包含 0；在高工作投入水平下，职业冲击事件通过强迫型工作激情对于工作内卷的间接影响也是显著的，效应值为 0.0232，间接效应置信区间（95% CI）为 [0.0035，0.0481]，在 0 右侧，不包含 0，说明有调节的中介机制成立。除此之外，当员工处于低工作投入（M-1SD）时，强迫型工作激情对工作内卷的回归系数 $\beta = 0.0462$，且 $p < 0.01$，明显高于平均水平（M）的回归系数 $\beta = 0.0347$，说明当员工处于低工作投入时，强迫型工作激情对工作内卷的正向影响较强；当员工处于高工作投入时（M+1SD），强迫型工作激情对工作内卷的回归系数 $\beta = 0.0232$，且 $p < 0.01$，明显低于平均值（M）的回归系数 $\beta = 0.0347$，说明当员工工作投入较高时，强迫型工作激情对工作内卷的正向影响较弱。综合上述分析，我们可以得到工作投入在职业冲击事件作用于强迫型工作激情对员工工作内卷产生影响的路径中起到了负向调节作用，假设 H8a、H8b 成立。

在验证员工心理韧性在职业冲击事件—工作不安全感—工作内卷路径上有调节的中介效应时，我们借助 SPSS Process 的 Model7 进行处理。结果显示，员工心理韧性作为调节变量的交互项置信区间（95%CI）为 $[-0.0256,0.0943]$，包含 0，这说明有调节的中介效应不显著，即员工心理韧性在职业冲击事件作用于工作不安全感对员工工作内卷产生影响的路径中没有起到调节作用，假设 H7b 得不到证实。

表 6-8　心理韧性有调节的中介效应检验

变量	指标	Effect	BootSE	BootLLCI	BootULCI
心理韧性	M-1SD	0.0813	0.0203	0.0427	0.1231
	M	0.0872	0.0199	0.0481	0.1273
	M+1SD	0.0930	0.0215	0.0513	0.1365

6.6　本章小结

本章主要介绍了探究数字经济背景下职业冲击事件对非理性内部竞争工作内卷的影响机制的实证研究过程，包括各变量量表的选取，调研数据的收集和分析；主要借助 SPSS26.0、AMOS 等统计学分析软件对样本数据进行分析，包括信效度检验、共同方法偏差的检验、验证性因子分析、相关分析以及回归分析。其中重点是对研究假设的检验，通过检验，我们得到数字经济背景下的职业冲击事件除直接作用于工作内卷外，还通过工作不安全感和强迫型工作激情两条路径对工作内卷产生影响。工作投入会削弱职业冲击事件通过强迫型工作激情影响工作内卷的程度，即工作投入在这一路径发挥负向调节作用。

第7章 企业文化认同、工作能力与非理性内部竞争行为的关系研究

7.1 理论基础与研究假设的提出

（1）员工工作动机与内卷的关系假设

基于 Deci 等的自我决定理论，我们得知在人类行为的动机中，自主性、能力感和归属感构成了三个基本的内在需求，当这些需求得到充分的满足时，个体的行为动机得到加强。企业文化认同感能够显著提升员工的工作动机和组织承诺。而员工的工作能力是完成工作任务、实现组织目标的核心要素，它不仅直接关系到员工工作效率的提升，而且与工作动机也存在着千丝万缕的联系。而动机是激发个体行为的关键要素，它可以引导个体行为朝着特定的方向和目标发展，对于员工职场内卷行为自然也不例外，因此在研究企业文化认同、工作能力与内卷关系时，我们有必要考虑到动机这一重要因素。

基于此，提出研究假设 H8：员工工作动机与内卷呈显著正相关关系。

（2）员工企业文化认同与内卷的关系假设

同样地，从自我决定理论中我们可以推知，员工出于对工作的热情和享受等内部动机，过分积极地投入工作中，付出成倍的努力，不仅为了实现个人的职业目标，渴望成为职业精英、出人头地，也为了能够为企业的发展做出贡献，实现自我价值的提升。在这种内在动机的驱动下，员工的内卷是自发的。但是员工过高的工作强度与每天超额的工作量等不合理的自我安排，最终只会引起群体焦

虑，制造紧张的工作氛围，并影响到他们自己的身心健康。这不过是陷入了假性自我实现漩涡中的自欺欺人，看似积极进取，实则原地踏步、自我损耗，从长期来看，无论对个体还是对组织，都是弊大于利的。

然而，当自主性、能力感和归属感的需求未能得到充分满足或只有部分得到满足时，员工可能会转向外在动机来指导自己的行为。在这种情况下，员工的内卷行为动机可能是出于对奖励与上司认可的追求、对惩罚的规避等，易受到外界的诱惑和压力影响。员工也可能出于信息性与规范性影响被迫参与内卷，盲目跟随他人，而不是出于真正的兴趣和自我实现的渴望。这种外在动机驱动的内卷行为往往缺乏持久性和深度，却是很多员工职场内卷的常态，他们经常熬夜加班，但工作效率却很容易呈现边际效率递减态势。

员工身处企业，深受企业文化氛围的影响，对企业文化认同感的高低会影响到个体自主性与归属感的高低。高企业认同感的员工，对待工作有更高的投入度与满意度，也就对工作有更高的自主性，影响到动机水平；员工对企业文化氛围的满意也会体现在员工与同事、领导之间关系的重视与维持上，他们会更认同自己是组织中的一员，将组织视为内群体，倾向与组织成员行为保持一致，个体归属感得到了提升，动机水平也得以提高，进而与内卷行为的发生有着密切的关联。

基于此，提出研究假设 H9：员工企业文化认同与内卷呈显著正相关关系。

（3）员工工作能力与内卷的关系假设

员工的工作能力是其在职场中实现目标和提升自我价值的关键因素。高能力的员工往往能够更有效地完成任务，解决复杂问题，并在工作中取得显著成就，这种能力的展现不仅为他们赢得了同事和上级的认可，也增强了他们对自身能力的信心。同时，高能力员工更可能会因为不甘落后，而不断加大工作投入，甚至不惜牺牲个人时间和健康来维持或提升自己的竞争力，产生内卷。这种内卷虽然短期内可能带来一定的职业成就，但长期来看，可能会导致员工的身心疲惫、职业倦怠，甚至影响到他们的工作满意度和生活质量。所以说尽管高能力员工的内卷可能在短期内为企业带来显著的效益，但职场内卷的压力对员工的长期发展和组织的可持续性都是不利的。

从自我决定理论的角度来看，员工的工作能力高低将直接影响到个体能力感的来源。当员工在工作中展现出较高的能力时，他们通常会获得更多的成功体验和积极反馈，这些正面的经历会增强他们的能力感，从而激发更强的内在动机。因此，他们可能会设定更高的个人目标，对于自己的要求也更为苛刻，并对自己的表现持有更高的期望，这将会影响动机的形成，进而与内卷行为的产生密切相关。

基于此，提出研究假设 H10：员工工作能力与内卷呈显著正相关关系。

7.2　实证研究

7.2.1　样本来源与数据收集

在本次研究中，我们采取问卷调查法作为主要的数据收集手段。样本的选取范围十分广泛，覆盖了全国 30 个省、直辖市和自治区。为了高效且专业地发放问卷，我们借助了知名的问卷调查平台——问卷网，通过该平台设计并发布了问卷。在数据收集过程中，我们采取了多样化的策略，包括线上通过微信转发、利用平台召集，以及线下直接邀请路人参与等方式，确保问卷的广泛传播和有效回收。具体问卷详见附录 D。同时，为了确保问卷填写的质量和真实性，我们充分利用了问卷网程序内置的时间计时与限制功能，对参与者的填写行为进行了严格的监测与控制。

为了进一步提高被调查者的参与热情与协作意愿，在本次问卷的发放过程中，我们在每一份问卷的开头都精心编写了一段诚挚的敬语：

尊敬的先生/女士，您好！本问卷是一次针对在职企业员工的学术调查，感谢您在百忙之中的支持和参与！本次调查仅供学术研究之用，答案没有对错之分。本问卷的填写采用不记名方式，您的个人信息和答题情况都将受到严格保密，不会泄露给他人，请您放心作答。

此外，在问卷的量化评估部分之前，我们以清晰明确的文本形式提示被调查者，请他们深思熟虑并认真作答，尽量避免过多选择中立选项，以保证数据的准确性与可靠性。

经过严谨的统计与筛选，本次调查研究共回收了 304 份问卷。为了保障数据的纯净性与研究的严谨性，我们对回收的问卷进行了细致的审查，剔除了存在漏答、空项以及来自相同 IP 地址与操作系统的重复问卷，共计删除了 6 份无效问卷。最终，我们成功获得了 298 份有效问卷，实现了高达 98.03% 的问卷有效回收率，这一数据充分证明了本次调查研究的严谨性与有效性。

7.2.2 研究工具

（1）人口统计学变量量表

在人口统计学变量量表中，核心内容聚焦人口学的基础性信息。这些信息涵盖了性别、年龄、工龄、受教育水平、婚姻状态以及企业类型六个维度，旨在作为辅助工具，深入分析人口学特征与职场内卷之间的潜在关联。通过这些数据的辅助分析，我们能够更准确地揭示变量间的差异。

（2）组织文化认同量表

本部分采用丁越兰和骆娜（2012）编制的组织文化认同量表来对员工企业文化认同感进行测量，采用李克特五点量表评分。这是一种常用的调查问卷中的态度或意见测量工具，通过一系列陈述性问题，让受访者表达他们对某个陈述的同意或不同意的程度。每道题目包含五个选项，即"完全不同意""不同意""中立""同意""完全同意"。受访者根据自己的感受或看法选择一个最符合的答案。通过对这些答案进行统计分析，以了解整体的态度分布或趋势说明个体对企业文化的认同程度高低。该部分一共 13 道题，对企业文化认同的三个维度进行了测量，分别为认知性认同、情感性认同、行为性认同。

（3）工作能力指数调查表

本部分采用工作能力指数调查表（WAI）对员工工作能力进行测量，量表由 7 个条目组成。所有项目的累计得分即为工作能力指数。工作能力指数的理论最低分是 7 分，最高分是 49 分，得分越高表示工作能力越强。

（4）工作偏好问卷

本部分采用 Amabile 等（1994）编制的工作偏好问卷（WPI）测量员工工作动机的内外部维度水平，采用李克特五点量表评分，一共 30 道题，对工作动机的两个维度进行了测量，分别为内部动机和外部动机。

（5）内卷量表

本部分采用第五章编制的内卷量表最新版测量，采用李克特五点量表评分，一共16道题，对内卷的三个维度进行了测量，分别为内卷行为的认知、行为、情绪。

7.3 研究结果

7.3.1 样本概况

如表7-1所示：研究样本中，男女比例较为均衡，人数相当，可参考对比，其中男性占44.97%，共计134人，女性占55.03%，共计164人。从年龄结构来看，样本中29岁及以下的中青年员工占比较高，共计169人，占比为56.71%。其次是40~49岁与30~39岁，50岁及以上样本占比最少。可见本次调查的群体普遍较为年轻，但也有相当比例的中龄群体，高龄群体人数较少。从工龄方面来看，工龄为3年以下的员工占比较高，共计164人，占比为55.03%。其次是3~10年，10年以上样本占比最少。可见本次调查的群体工龄普遍较低，新员工比例大，但也有相当比例的高工龄老员工。在婚姻状况方面分布均匀，其中已婚占比43.29%，共计129人，未婚占比56.71%，共计169人，可以进行对比参考。在学历方面，具备本科及以上学历的员工共190人，占比高达63.76%，其次是大专与高中、中专学历，初中学历样本占比最少。可见本次调查的群体学历普遍较高。样本员工所属企业类型中，民营企业占比较高，为43.62%，其次是国有企业，外企或三资企业占比最少。可见本次调查的员工大多在民营企业或国有企业工作。

表7-1 样本特征

统计指标	具体分类	频数	百分比（%）
性别	男	134	44.97
	女	164	55.03
年龄	29岁及以下	169	56.71
	30~39岁	45	15.10
	40~49岁	67	22.48
	50岁及以上	17	5.70
工龄	3年以下	164	55.03
	3~10年	69	23.15
	10年以上	65	21.81
婚姻状况	已婚	129	43.29
	未婚	169	56.71
学历水平	初中	12	4.03
	高中、中专	47	15.77
	大专	49	16.44
	本科及以上	190	63.76
企业类型	国有企业	100	33.56
	民营企业	130	43.62
	外企或三资企业	68	22.82

7.3.2 信效度检验

（1）信度检验

在统计学中，Cronbach's α是一种衡量一组测试或问卷项内部一致性的指标。它通常用于心理测量学和教育评估中，以评估测试或问卷的可靠性。Cronbach's α的范围从0到1，越接近1，表示项之间的内部一致性越高，可靠性越好。在实际应用中，研究者会根据Cronbach's α来判断测试或问卷的可靠性是否足够。不同的研究领域和不同的测量目的可能对Cronbach's α的接受标准有所不同，但一般来说，Cronbach's α大于0.70通常被认为是可接受的，而Cronbach's α大于0.80则被认为是良好的。

本次组织文化认同量表的信度检验中，Cronbach's α 为 0.840，表明这 13 项题目的问卷具有良好的内部一致性，可靠性较高。本次工作能力指数调查表的信度检验中，Cronbach's α 为 0.701，表明这 7 项题目的问卷具有良好的内部一致性，可靠性较高。本次工作偏好问卷的信度检验中，Cronbach's α 为 0.751，表明这 30 项题目的问卷具有良好的内部一致性，可靠性较高。本次内卷量表的信度检验中，Cronbach's α 为 0.800，表明这 16 项题目的问卷具有良好的内部一致性，可靠性较高。综上，各量表可靠性较好，均通过了信度检验。具体如表 7-2 所示：

表 7-2　信度检验

量表	Cronbach's α	项目数
企业文化认同	0.840	13
工作能力	0.701	7
工作动机	0.751	30
职场内卷	0.800	16

（2）效度检验

在组织文化认同量表的效度检验中，样本的 KMO 值为 0.860，Bartlett 球形检验显著性为 0.000，数据效度检验通过。在工作能力指数调查表的效度检验中，样本的 KMO 值为 0.751，Bartlett 球形检验显著性为 0.000，数据效度检验通过。在工作偏好问卷的效度检验中，样本的 KMO 值为 0.813，Bartlett 球形检验显著性为 0.000，数据效度检验通过。在内卷量表的效度检验中，样本的 KMO 值为 0.825，Bartlett 球形检验显著性为 0.000，数据效度检验通过。综上所述，各量表有效性较好，均通过了效度检验。具体如表 7-3 所示：

表 7-3　效度检验

量表	KMO 值	Bartlett 球形检验显著性
企业文化认同	0.860	0.000
工作能力	0.751	0.000

续表

量表	KMO 值	Bartlett 球形检验显著性
工作动机	0.813	0.000
职场内卷	0.825	0.000

7.3.3　差异分析

（1）各变量在性别上的差异分析

各变量在性别上的差异分析采用独立样本 t 检验的方法，分析结果如表 7-4 所示：

表 7-4　各变量在性别上的独立样本 t 检验结果

检验变量	性别	M	SD	t	p
企业文化认同	男	47.8284	8.23209	-0.784	0.434
	女	48.4695	5.85135		
工作能力	男	37.4030	5.81432	0.752	0.453
	女	36.9146	5.37821		
工作动机	男	108.8433	11.66954	-0.961	0.338
	女	110.0427	9.88235		
职场内卷	男	52.9776	9.43555	0.641	0.522
	女	52.3110	8.50014		

企业文化认同 t 统计量的显著性值为 0.434，大于 0.05，接受原假设，说明男性组和女性组企业文化认同平均值不存在显著差异。工作能力 t 统计量的显著性值为 0.453，大于 0.05，接受原假设，说明男性组和女性组工作能力平均值不存在显著差异。工作动机 t 统计量的显著性值为 0.338，大于 0.05，接受原假设，说明男性组和女性组工作动机平均值不存在显著差异。职场内卷 t 统计量的显著性值为 0.522，大于 0.05，接受原假设，说明男性组和女性组职场内卷平均值不存在显著差异。

（2）各变量在年龄上的差异分析

各变量在年龄上的差异分析采用单因素方差分析的方法，分析结果如表 7-5 所示：

表7-5 各变量在年龄上的单因素方差分析结果

因变量	M				SD				F	p
	29 岁及以下	30~39 岁	40~49 岁	50 岁及以上	29 岁及以下	30~39 岁	40~49 岁	50 岁及以上		
企业文化认同	47.6686	47.8222	49.1194	50.5294	7.19269	7.19308	6.38778	6.89309	1.379	0.249
工作能力	37.1361	38.0222	36.1194	38.7647	5.50209	5.92180	5.30158	6.09846	1.616	0.186
工作动机	109.2426	107.8889	109.7612	115.3529	11.09243	10.92375	9.81046	8.47010	2.096	0.101
职场内卷	52.2781	53.2889	52.1493	55.9412	8.91024	9.40895	7.52824	12.33628	1.014	0.387

通过方差分析结果我们可以发现：企业文化认同的显著性值为0.249，大于0.05，接受原假设，说明企业文化认同在年龄上不存在显著差异。工作能力的显著性值为0.186，大于0.05，接受原假设，说明工作能力在年龄上不存在显著差异。工作动机的显著性值为0.101，大于0.05，接受原假设，说明工作动机在年龄上不存在显著差异。职场内卷的显著性值为0.387，大于0.05，接受原假设，说明职场内卷在年龄上不存在显著差异。

（3）各变量在工龄上的差异分析

各变量在工龄上的差异分析采用单因素方差分析的方法，分析结果如表7-6所示：

表7-6 各变量在工龄上的单因素方差分析结果

因变量	M			SD			F	p
	3 年以下	3~10 年	10 年以上	3 年以下	3~10 年	10 年以上		
企业文化认同	47.5244	47.5077	50.3768	7.22084	6.37162	6.74559	4.499	0.012
工作能力	37.1951	36.3231	37.7536	5.51615	5.55120	5.72252	1.125	0.326
工作动机	109.1037	108.2308	111.6522	11.14743	9.71592	10.42456	1.971	0.141
职场内卷	52.2256	52.7846	53.3623	9.07050	8.02631	9.43394	0.408	0.665

通过方差分析结果，可以发现只有企业文化认同的 p 值为 0.012，小于

0.05，表明员工企业文化认同在工龄上的差异显著。

工作能力、工作动机、职场内卷的 p 值分别为 0.326、0.141、0.665，均大于 0.05，表明这些变量在工龄上的差异不显著。

（4）各变量在婚姻状况上的差异分析

各变量在婚姻状况上的差异分析采用独立样本 t 检验的方法，分析结果如表7-7 所示。

表 7-7　各变量在婚姻状况上的独立样本 t 检验结果

检验变量	婚姻状况	M	SD	t	p
企业文化认同	已婚	48.6744	6.62755	1.060	0.290
	未婚	47.8047	7.29749		
工作能力	已婚	37.4109	5.51364	0.748	0.455
	未婚	36.9231	5.62731		
工作动机	已婚	109.7209	9.55983	0.306	0.760
	未婚	109.3373	11.55416		
职场内卷	已婚	53.0310	8.57407	0.710	0.478
	未婚	52.2899	9.19394		

企业文化认同的 P 值为 0.290，大于 0.05，接受原假设，说明已婚组和未婚组企业文化认同平均值不存在显著差异。工作能力的 P 值为 0.455，大于 0.05，接受原假设，说明已婚组和未婚组工作能力平均值不存在显著差异。工作动机的 P 值为 0.760，大于 0.05，接受原假设，说明已婚组和未婚组工作动机平均值不存在显著差异。职场内卷的 P 值为 0.478，大于 0.05，接受原假设，说明已婚组和未婚组职场内卷平均值不存在显著差异。

（5）各变量在受教育程度上的差异分析

各变量在受教育程度上的差异分析采用单因素方差分析的方法，分析结果如表 7-8 所示：

表7-8 各变量在受教育程度上的单因素方差分析结果

因变量	M				SD				F	p
	初中	高中、中专	大专	本科及以上	初中	高中、中专	大专	本科及以上		
企业文化认同	50.3333	48.3191	48.2857	47.9842	9.03864	6.10098	6.7082	7.19676	0.433	0.729
工作能力	35.7500	37.6170	37.0000	37.1368	7.21268	4.69761	5.54902	5.69435	0.371	0.774
工作动机	112.9167	108.1489	109.0000	109.7526	10.48339	10.52116	10.01457	10.97650	0.724	0.539
职场内卷	52.8333	52.5106	52.3878	52.6789	11.06866	8.44386	9.05956	8.93226	0.018	0.997

通过方差分析结果可以发现，企业文化认同、工作能力、工作动机、职场内卷的 p 值分别为 0.729、0.774、0.539、0.997，均大于 0.05，表明这些变量在受教育程度上的差异不显著。

（6）各变量在企业类型上的差异分析

各变量在企业类型上的差异分析采用单因素方差分析的方法，分析结果如表7-9所示。

表7-9 各变量在企业类型上的单因素方差分析结果

因变量	M			SD			F	p
	国有企业	民营企业	外企或三资企业	国有企业	民营企业	外企或三资企业		
企业文化认同	46.7500	48.3308	50.0000	7.31040	6.30293	7.50721	4.497	0.012
工作能力	37.5500	36.7923	37.1765	5.52199	5.33628	6.11321	0.523	0.593
工作动机	108.8100	109.8231	109.9118	11.26064	9.61706	11.95731	0.315	0.730
职场内卷	53.3700	51.6769	53.2794	8.20773	9.44278	8.87533	1.267	0.283

通过方差分析结果可以发现只有企业文化认同的 p 值为 0.012，小于 0.05 但大于 0.01，表明员工企业文化认同在企业类型上有一些差异显著。从均值来看，在外企或三资企业的员工对于企业文化认同的均值略高一些。企业文化认同感的高低可能受到多种因素的影响，外企或三资企业通常采用更为灵活和开放的管理方式，鼓励创新和自主性，这可能更符合现代员工对于工作环境的期望。同时，

外企或三资企业可能提供更具竞争力的薪酬和福利，这可以提高员工的满意度和忠诚度，所以其员工的企业文化认同略高。

工作能力、工作动机、职场内卷的 p 值分别为 0.593、0.730、0.283，均大于 0.05，表明这些变量在企业类型上的差异不显著。

7.3.4　相关及回归分析

（1）相关分析

相关是回归的前提，首先对各变量进行相关性的检验，结果如表 7-10 所示。

表 7-10　变量的均值、标准差和相关系数

变量	M	SD	1	2	3	4
1. 职场内卷	3.2882	0.55773	1			
2. 企业文化认同	3.0113	0.43857	0.156**	1		
3. 工作能力	5.3049	0.79633	0.187***	0.312***	1	
4. 工作动机	3.6501	0.35736	0.335***	0.460***	0.367***	1

注：***、** 分别表示在 0.1%、1% 的水平（双侧）上显著相关。

我们可以发现，职场内卷与企业文化认同、工作能力、工作动机之间的相关系数值均呈现出显著性。具体来看，职场内卷与企业文化认同之间的相关系数值为 0.156，大于 0，且 p<0.01，这说明员工职场内卷与企业文化认同之间有着显著的正相关关系；职场内卷与工作能力之间的相关系数值为 0.187，大于 0，且 p<0.001，说明职场内卷与工作能力之间有着显著的正相关关系；职场内卷与工作动机之间的相关系数值为 0.335，大于 0，且 p<0.001，说明职场内卷与工作动机之间有着显著的正相关关系；工作能力与企业文化认同之间的相关系数值为 0.312，大于 0，且 p<0.001，说明工作能力与企业文化认同之间有着显著的正相关关系；工作动机与企业文化认同之间的相关系数值为 0.460，大于 0，且 p<0.001，说明工作动机与企业文化认同之间有着显著的正相关关系；工作动机与工作能力之间的相关系数值为 0.367，大于 0，且 p<0.001，说明工作动机与工作能力之间有着显著的正相关关系。

综上来看，各变量之间均显著相关，符合我们的预期，可以进行后续的回归分析。

（2）回归分析

回归分析结果如表 7-11 所示。由模型 4 可知，工作动机对员工职场内卷产生影响时，标准化路径系数值是 0.339，大于 0，并在这一过程中呈现 0.001 水平的显著性（β=0.339，p<0.001），因此可以进一步得到员工工作动机与职场内卷呈现显著正相关关系，假设 H8 得到证实。这意味着员工工作动机水平越高，员工职场内卷水平也越高。

表 7-11　回归分析结果

变量	职场内卷							
	模型 1	模型 2	模型 3	模型 4	模型 5	模型 6	模型 7	模型 8
控制变量								
性别	0.021	0.040	0.010	0.057	0.025	0.058	0.051	0.050
年龄	0.037	0.031	0.075	−0.025	0.064	−0.024	−0.006	−0.006
工龄	0.068	0.028	0.043	0.027	0.021	0.025	0.021	0.022
婚姻状况	−0.017	−0.002	−0.035	0.028	−0.021	0.028	0.018	0.018
受教育程度	0.058	0.047	0.054	0.025	0.047	0.025	0.026	0.026
企业类型	−0.027	−0.050	−0.020	−0.036	−0.037	−0.037	−0.032	−0.032
企业文化认同		0.161**			0.110	0.009		−0.005
工作能力			0.187***		0.151**		0.068	0.069
工作动机				0.339***		0.335***	0.313***	0.315***
R^2	0.006	0.031	0.041	0.118	0.051	0.118	0.122	0.122
F 值	0.307	1.313	1.760	5.531	1.934	4.826	5.003	4.432

注：***、**分别表示在 0.1%、1%的水平（双侧）上显著相关。

由模型 2 可知，企业文化认同对员工职场内卷产生影响时，标准化路径系数值是 0.161，大于 0，并在这一过程中呈现 0.01 水平上的显著性（β=0.161，p<0.01），因此可以进一步得到员工企业文化认同与职场内卷呈现显著正相关关系，假设 H9 得到证实。这意味着员工对企业文化的认同度越高，员工的职场内卷水

平也越高。

由模型 3 可知，工作能力对员工职场内卷产生影响时，标准化路径系数值是 0.187，大于 0，并在这一过程中呈现 0.001 水平上的显著性（β = 0.187，p < 0.001），因此可以进一步得到员工工作能力与职场内卷呈现显著正相关关系，假设 H10 得到证实。这意味着员工工作能力水平越高，员工的职场内卷水平也越高。

此外，我们还可以发现一些新的结果：由模型 1 可知，各个人口统计学变量对员工职场内卷影响不显著，它们之间没有线性回归关系。由模型 5 可知，在加入了工作能力变量后，企业文化认同对员工职场内卷产生的影响显著性消失，工作能力对员工职场内卷产生的影响仍然显著。由模型 6 可知，在加入了工作动机变量后，企业文化认同对员工职场内卷产生的影响显著性消失，工作动机对员工职场内卷产生的影响仍然显著。由模型 7 可知，在加入了工作动机变量后，工作能力对员工职场内卷产生的影响显著性消失，工作动机对员工职场内卷产生的影响仍然显著。由模型 8 可知，在同时加入了企业文化认同、工作能力、工作动机变量后，企业文化认同与工作能力对员工职场内卷产生的影响显著性消失，但工作动机对员工职场内卷产生的影响仍然显著。可见相对而言，在这三个变量之中，工作动机与员工职场内卷的关联最为密切，对员工职场内卷影响最大。

7.4　结果讨论

7.4.1　在人口学变量上的差异讨论

通过研究，我们也发现企业文化认同在两个变量上差异显著，即工龄与企业类型。

工龄方面的研究结果显示，那些在企业中工作时间较长的资深员工，通常对企业文化持有更高的认同度。这种现象的原因可能在于，随着员工在企业中服务时间的延长，他们对企业文化的理解和体验也逐渐加深。长期的参与和实践使得企业文化逐渐成为员工个人价值观和行为模式的一部分。资深员工在企业中经历了丰富的成长和变化，他们对企业的情感联系和归属感也随之增强。并且随着时间的积累，员工对企业的工作环境、管理风格和组织架构等有了更深入的理解和适应，这种适应性也进一步加强了他们对企业文化的认同。

企业类型方面的研究结果显示，外资企业和三资企业的员工对企业文化的认同感略高。外资企业和合资企业往往采用更为灵活和开放的管理模式，这种模式鼓励员工创新思维和自主性，这与现代员工对于工作环境和企业文化的期望相契合。除此之外，这些企业通常提供具有竞争力的薪酬和福利，这不仅提升了员工的满意度，也增强了他们对企业的忠诚度。

通过差异分析，我们还可以发现，员工职场内卷在人口统计学变量上差异均不显著，即员工职场内卷水平在性别、年龄、工龄、婚姻状况、受教育程度、企业类型等维度上分布相对均匀。

这说明职场内卷可能是一个普遍存在的问题，它跨越了不同的人口统计学群体，影响着各个层面的员工。内卷现象可能与个体的特定背景无太大关联，而是与工作环境、企业文化、行业特性或社会经济状况等因素有关。例如在某些文化或社会环境中，内卷可能被视为一种常态，员工普遍接受并适应了这种工作模式，因此在不同群体中表现出相似的内卷水平。不同行业的特点也可能会影响职场内卷，如科技行业、金融行业等可能因为快速变化和高度竞争而更容易出现内卷现象；而一些传统行业或公共服务行业可能因为工作节奏相对稳定而内卷现象不那么明显。当然，也存在着其他未被考虑的人口统计学变量维度，这些方面可能对职场内卷有显著影响，但未在本次研究中被纳入分析，未来还有待进一步发现。

7.4.2　企业文化认同、工作能力与内卷关系讨论

经过数据分析，本章的假设得到了验证。

首先，员工的工作动机与职场内卷显著正相关。这表明工作动机较高的员工更可能过度投入工作，进而陷入内卷。动机强烈导致员工更容易过度投入工作中，将工作视为一切，甚至牺牲个人时间和健康。在这种情况下，员工可能会为了满足工作要求而不断延长工作时间，参与不必要的加班，这会导致职场内卷现

象的加剧，使员工难以找到工作与生活的平衡点。另外，我们也可以将企业文化认同、工作能力与工作动机联系起来。员工对企业文化的认同和归属感可以增强他们对工作的热情和投入，从而提高工作动机；企业文化认同感可能通过塑造员工的价值观、信念和行为规范，进而影响他们的工作态度和行为。员工的技能、知识和能力越强，他们对工作的自信心和成就感越容易提高，从而越有可能展现出强烈的工作动机。工作能力的提升也可以增强员工对工作的掌控感和满足感，进而提高工作动机。

其次，员工的企业文化认同感与职场内卷显著正相关。这说明企业文化在塑造员工行为和工作态度方面起着重要作用。员工对企业文化越认同，对企业越有归属感，越将自己视为企业群体的一员，越容易卷入其中。这种归属感使员工在面对同事甚至领导的内卷行为时，认为需要跟随，以免被视为不投入或不忠诚。这种从众心理进一步加剧了内卷现象。当员工认同企业文化时，他们更可能遵循企业的规范和期望，这可能导致他们在面对工作压力和竞争时采取内卷的行为模式。另外，高企业认同的员工会更加关注企业的成功和声誉，这可能导致他们在面对工作挑战时，更愿意牺牲个人时间和健康，以确保工作成果符合企业的期望。

最后，员工的工作能力与职场内卷显著正相关。这表明工作能力强的员工更有可能过度投入工作中，进而陷入内卷。工作能力强的员工在面对工作挑战时，更愿意投入额外的时间和精力来确保任务的完成。这种积极的工作态度是一把复杂的"双刃剑"，它一定程度上是可以提高工作质量和效率的，然而当这种投入变成过度投入时，也更容易演变成内卷。同时，工作能力强的员工也可能更要强，他们更可能会因为追求卓越与怕被别人超过而给自己设定更高的标准，这就会导致他们在面对工作压力时，更容易感到需要不断超越自己、超越别人，需要无休止地努力工作，进而陷入内卷内耗。

由此可见，员工工作动机、企业文化认同、工作能力都与职场内卷之间存在着显著的正相关关系。在人类行为的内在动力中，自主性、能力感和归属感是三个基本的驱动力。当这些内在需求得到充分满足时，个体的行动动机就会得到增强。那些工作能力水平高的员工通常拥有更多的成功案例，他们对自己的期望也更高，不愿落后于他人。这种对自己能力的自信和对卓越的追求，可以转化为强烈的动机，导致过度竞争和内卷。同时，对企业文化有高度认同感的员工，往往对工作表现出更高的热情，这使他们更加愿意投入工作。此外，对企业文化的满意也体现在员工与同事和管理层之间的关系上，员工更倾向于将自己视为组织的一部分，并且在行为上与组织保持一致，如果组织其他成员有内卷行为，那么他们也更容易产生内卷。

7.5　结论与建议

7.5.1　结论

经过实证研究与分析，我们得出了以下结论：

第一，员工工作动机与职场内卷呈显著正相关关系。员工的工作动机，如对晋升、薪酬、职业发展等方面的追求，可能会促使他们更加努力工作，以期在竞争中脱颖而出。这种动机可能会加剧职场内卷现象，因为员工可能会通过加班、承担更多任务等方式来提升自己的表现，不断加大工作投入。但他们这种额外投入并没有带来相应的产出增长，反而导致了工作压力的增加和工作环境的恶化，使内卷更容易滋生。

第二，员工企业文化认同与职场内卷呈显著正相关关系。当员工高度认同企业文化时，他们可能会更加投入工作，以体现对企业的忠诚和承诺。这种认同感可能会促使员工在工作中更加努力，以期在企业内部获得认可和提升。

第三，员工工作能力与职场内卷呈显著正相关关系。工作能力强的员工可能会在职场中获得更多的机会和资源，这可能会促使他们更加努力工作，以保持自己的竞争优势。同时，工作能力强的员工可能更愿意接受挑战和承担更多的责任，这都可能会导致职场内卷现象的加剧。

第四，员工企业文化认同在工龄与企业类型上的差异显著。员工对企业文化认同感的高低可能受到工龄和企业类型的影响。研究结果发现，工龄较大的员工，企业文化认同会相对工龄小的员工更高一些；同时，在外企或三资企业的员工对于企业文化的认同会更高一些，而国有企业相对而言低一些。工龄大的员工由于长期在企业中工作，对企业文化有更深的理解和认同；而不同企业类型（如外企、三资企业、国有企业等）的文化特点不同，员工对企业文化的认同感也会因此而有所差异。

7.5.2　干预建议

（1）企业方面

企业需要建立健康的企业文化。企业应倡导一种平衡工作与生活的企业文化，鼓励员工在追求工作成就的同时，关注个人健康和家庭生活；改善工作环境，提供必要的工作支持和资源，减少不必要的工作压力和内卷现象；通过组织文化活动、娱乐活动和团队建设，使员工感到放松愉悦，避免产生过度竞争和内卷的紧张感；要重视关注企业的新员工或工龄较小的员工群体对于企业文化的态度与看法，尤其是对于国有企业而言。

企业需要提供多元化的职业发展路径。避免单一的成功标准，针对不同能力类型与水平的员工群体设置丰富的晋升发展路径渠道与多元化的职业发展规划，根据员工个人兴趣和能力水平设计不同发展方案政策，减少因发展路径狭隘而产生的过度竞争与内卷现象。

企业需要实施合理的工作量和时间管理制度。企业应确保工作量和时间管理制度的合理性，避免员工陷入内卷，尤其对于能力强、高忠诚度的员工群体要更加重视，通过合理的工作分配、时间管理与休息制度防止内卷，保障员工身心健康，使他们有足够的休息和恢复时间。

企业需要丰富的绩效评价体系。企业应通过合理适度的绩效激励机制来激发员工的工作热情、工作动机，既要避免过度依赖绩效考核作为员工晋升和奖励的唯一标准，也要针对不同类型的员工设计更为丰富全面的绩效评价方式，避免恶性竞争的产生；通过丰富人性化的绩效评价体系，使员工动机水平维持在适度水平，避免普遍过高或普遍过低的情况。

（2）员工个体方面

员工个体需要正确的自我认知和目标设定。自我认知，即员工要了解自身的能力水平、兴趣志向、工作动机，设定合理的职业目标。避免一味追求高绩效和过度竞争，要保持个人目标与工作要求之间的平衡，寻找适合自己水平的工作方法。

员工个体需要合理的时间管理措施。员工个体即使对自己高要求、对企业高认同，也要学会有效的时间管理技巧，合理安排工作和休息时间，避免过度工作；应努力实现工作与生活的平衡，确保有足够的时间用于休息、娱乐和家庭生活，这也能帮助保持良好的工作状态与效率。

员工个体需要制定个性化的职业规划。根据个人职业目标、能力水平、动机强度制订个性化的职业发展计划，避免因目标不明确而产生的盲目竞争；还要结合个人兴趣规划未来的职业生涯方向，避免从众跟风与无效用功，要知道别人的工作方式和方法不一定是适合自己的。

员工个体需要重视心理健康。人的动机是一种心理特质，过强的动机水平可能滋生更多的压力。员工个体在空闲时间可以学习一些压力管理技巧，如冥想、运动等；在面对工作挑战或压力时保持良好的心理状态，不要过分焦虑、内耗、攀比，积压不良情绪。

员工个体需要与同事建立良好的人际关系。大家既是同事也是伙伴，员工之间要相互支持、相互理解，共同抵制内卷文化，形成良性的工作关系与组织文化氛围，组成有共同目标的高凝聚力团体。

7.6 本章小结

本章利用统计软件 SPSS26.0 进行信度分析、探索性因子分析、描述性统计分析、独立样本 t 检验、单因素方差分析、相关与回归分析等对假设进行验证，深入探讨了职场内卷现象与员工工作能力、企业文化认同、工作动机之间的复杂关系，研究结果表明，员工的工作能力、企业文化认同和工作动机均与职场内卷呈显著正相关关系，并提出了相应的应对策略。这为我们理解员工面临的挑战、优化人力资源管理和提升组织效能提供了重要的理论依据和实践指导。

第8章 员工非理性内部竞争行为与工作时长

——基于行业的实证

8.1 研究设计

8.1.1 问卷设计

在问卷设计中针对工作内卷和工作时长进行题目设计，在内卷方面，从内卷认知维度、内卷情绪维度和内卷行为维度三个维度来设计，其中每个维度6道题目，均采用1~5五个数字来表示符合每个问题描述的现象的程度，其中1代表完全不符合，2代表不符合，3代表比较不确定，4代表符合，5代表完全符合。在工作时长方面采用了选择题的形式，对每日平均工作时间进行划分，划分为8小时以下，8~10小时，10~12小时，12小时以上，由被调查者进行选择，以此来统计劳动者们每日的工作时长情况，问卷详见附录E及附录F。

8.1.2 样本来源

此次调查主要是基于某行业企业员工展开的，在性别、学历、单位性质等基本信息方面的分布还是比较均匀且全面的。具体样本来源数据如表8-1所示：

表 8-1　基础信息描述性统计

变量	类型	频率	百分比（%）
性别	男	82	49.7
	女	83	50.3
学历	高中及以下	19	11.5
	专科	34	20.6
	本科	93	56.4
	硕士	12	7.3
	博士	7	4.2
单位性质	股份制企业	30	18.2
	国有企业	20	12.1
	民营企业	54	32.7
	其他	24	26.6
	外资企业	37	22.4

由表 8-1 可知，此次调查的男性和女性的比例较为均匀，男性人数 82 人，占比 49.7%；女性人数 83 人，占比 50.3%；本次调查的人群中学历主要集中在本科共 93 人，占比 56.4%；专科学历 34 人，占比 20.6%；高中及以下学历 19 人，占比 11.5%；硕士学历和博士学历的占比较小，分别为 7.3% 和 4.2%。

另外，从调查者的单位性质来看，此次调查的单位性质涉及的还是比较全面的，其中民营企业共 54 人，占比 32.7%；外资企业共 37 人，占比 22.4%；股份制企业 30 人，占比 18.2%。由此可见，样本主要来自民营企业，其他企业占比偏少，占比 26.6%。

8.1.3　样本结果分析

（1）员工每日工作时长的样本分析

在此次的问卷调查中，共收集 165 份数据，其中有效数据 165 份，对员工每日工作时长方面的数据进行样本分析。分析结果如表 8-2 所示：

表8-2　员工每日工作时长描述性统计

工作时长	频率	百分比（%）
8 小时及以下	36	21.8
8~10 小时（含 10 小时）	62	37.6
10~12 小时（含 12 小时）	57	34.5
12 小时以上	10	6.1

由表8-2可知，在被调查者中每日工作时长在 8~10 小时（含 10 小时）的人数共62人，占比 37.6%；工作时间在 10~12 小时（含 12 小时）的人数共57人，占比 34.5%；工作时间 8 小时及以下的人数共36人，占比 21.8%；工作时长在 12 小时以上的人数共10人，占比 6.1%。

依据法律规定，劳动者的平均周工作时间超过法定的标准工作时间（每周40个小时），即视为超时工作，即劳动者平均每天工作超过 8 小时即视为超时劳动，因此根据统计数据可知，在被调查的劳动者中只有 21.8% 的劳动者每日的工作时长在 8 小时以内，有 78.2% 的劳动者工作时间超过 8 小时，互联网行业员工的超时工作现象较为明显。

（2）员工工作内卷的样本分析

在本部分中，工作内卷问卷主要是从三个维度来进行测量的，即内卷认知、行为和情绪。其中，每道题目均采用五级计分，1~5 分别代表被调查者符合程度的高低，即 1 代表完全不符合，2 代表不符合，3 代表一般，4 代表符合，5 代表完全符合。在此次调查中，在这三个维度上，各题目均超过 50% 的人选择"符合"选项，内卷得分较高，每个维度平均得分均在 3~4 分，即大部分员工认为当前内卷现象是较为明显的，内卷程度较高。综上所述，互联网行业从业人员普遍感知到一种工作环境的无意义和低效率，即所谓"内耗"现象。他们在执行日常职责时，尽管投入了大量的时间与精力，但往往发现其劳动产出与所获回报之间存在显著的不匹配性。此种工作状况不仅导致了资源的极大浪费，更为严重的是，它触发了劳动者们普遍的压力和焦虑情绪，对个体的心理健康和精神生活造成了显著的负面影响。

8.2 信效度分析

8.2.1 量表的信度分析

为了保证问卷数据的有效性和可用性，进行信度检验是十分必要的，信度是根据 Cronbach's α 来进行判断的。如果 Cronbach's α 值在 0.8 以上，则该检验或量表的信度是非常好的；Cronbach's α 值在 0.7 以上，表明信度可以接受；如果 Cronbach's α 值在 0.6 以上，则该量表有其价值，但是需要对其进行校改；如果 Cronbach's α 值低于 0.6，那么量表就需要重新设计题项。信度分析结果如表 8-3 所示：

表 8-3 信度分析

变量	Cronbach's α 值
内卷认知维度	0.844
内卷行为维度	0.812
内卷情绪维度	0.833
内卷	0.826

表 8-3 为内卷认知维度、内卷行为维度、内卷情绪维度以及内卷的 Cronbach's α 值，根据结果我们可以看出，内卷认知维度的 Cronbach's α 值为 0.844，大于 0.7；内卷行为维度的 Cronbach's α 值为 0.812，大于 0.7；内卷情绪维度的 Cronbach's α 值为 0.833，大于 0.7；整体内卷的 Cronbach's α 值为 0.826，大于 0.7；各维度可靠性系数均在 0.8 以上，说明本部分所采用的量表内部一致性较高，信度较好。

8.2.2 量表的效度分析

效度分析被用作检验问卷是否有效，能够反映量表测量结果是否准确。如果 KMO 度量值大于 0.9，则说明效度非常好；0.7~0.9 表示效度较好，在可以接受的范围；0.5~0.7 表示效度一般；若 KMO 度量值小于 0.5，则不适合因子分析。效度分析结果如表 8-4 所示：

表 8-4 效度分析

变量	KMO	显著性
内卷认知维度	0.931	
内卷行为维度	0.990	0.00
内卷情绪维度	0.951	

由表 8-4 可知，内卷认知维度 KMO 值为 0.931，内卷行为维度 KMO 值为 0.990，内卷情绪维度 KMO 值为 0.951，3 个维度的效度检验结果在 0.95 左右，具有非常好的效度，可以进行下一步研究。

8.3 差异性分析

8.3.1 非理性内部竞争行为的性别差异

为探究性别差异对劳动者工作内卷的影响，本章从内卷的认知维度、行为维度、情绪维度和内卷整体维度 4 个维度进行工作内卷的性别差异分析，分析结果如表 8-5 所示：

表 8-5 工作内卷的性别差异分析

变量	性别	N	M	SD	t	p
内卷认知维度	男	81	3.39	0.45	0.98	0.51
	女	83	3.31	0.52		
内卷行为维度	男	82	3.53	0.57	0.98	0.32
	女	83	3.44	0.58		
内卷情绪维度	男	82	3.39	0.53	0.65	0.30
	女	83	3.34	0.51		

变量	性别	N	M	SD	t	p
内卷	男	82	3.44	0.50	0.92	0.35
	女	83	3.37	0.51		

由表 8-5 可知，性别对于内卷的 4 个维度的 p 值分别为 0.51、0.32、0.30、0.35，均大于标准水平 0.05，说明性别差异对 3 个维度的影响并不显著，即在此次研究中，性别与内卷之间不存在显著的关系，即在本次调查数据中，男女之间在内卷程度上并不存在差异。

8.3.2　工作时长的性别差异

为探究性别对劳动者工作时长的影响，本部分进行工作时长的性别差异分析，结果如表 8-6 所示：

表 8-6　工作时长的性别差异分析

变量	性别	N	M	SD	t	p
工作时长	男	82	9.65	1.75	1.19	0.23
	女	83	9.33	1.70		

由表 8-6 可知，性别对于工作超时的 p 值为 0.23，大于标准水平 0.05，说明从性别角度分析，其对工作时长影响并不显著。即在互联网行业，不论男性还是女性都是存在加班现象的，都处于超时劳动状态。

8.4　工作时长和非理性内部竞争行为的相关性分析

通常而言，内卷的出现往往伴随工作时长的问题，为探究工作内卷和工作时长两个方面是否有相关性，本部分对工作时长和工作内卷进行相关性分析，从工作内卷的认知维度、行为维度、情绪维度以及内卷整体 4 个层面进行分析，分析结果如表8-7所示：

表8-7　工作超时和内卷的相关性分析

变量	工作时长	内卷认知维度	内卷行为维度	内卷情绪维度	内卷
工作时长	1				
内卷认知维度	0.790**	1			
内卷行为维度	0.940**	0.905**	1		
内卷情绪维度	0.854**	0.830**	0.926**	1	
内卷	0.899**	0.945**	0.983**	0.956**	1

注：** 表示在0.01的水平上显著。

由表8-7可知，员工工作内卷和工作超时存在相关关系，且与内卷行为维度、内卷认知维度和内卷情绪维度均存在显著相关，其相关系数分别为0.899、0.940、0.790、0.854，呈现高度相关性，且在0.01的水平上显著，即验证了工作内卷与工作时长的相关性，与我们预期的结果相一致。

8.5　工作时长与非理性内部竞争行为的单因素方差分析

本部分进一步采用单因素方差分析，判断工作时长与内卷之间是否存在差异性，表8-8为关于工作时长的差异性分析。

表8-8　工作超时单因素方差分析

变量		N	M	SD	F	p
内卷认知维度	8 小时及以下	36	2.49	0.16	463.94	0.00
	8~10 小时（含10小时）	62	3.52	0.22		
	10~12 小时（含12小时）	57	3.66	0.00		
	12 小时以上	10	3.66	0.00		

续表

变量		N	M	SD	F	p
内卷行为维度	8小时及以下	36	2.50	0.00	2733.59	0.00
	8~10小时（含10小时）	62	3.51	0.04		
	10~12小时（含12小时）	57	3.98	0.10		
	12小时以上	10	4.16	0.17		
内卷情绪维度	8小时及以下	36	2.45	0.23	536.05	0.00
	8~10小时（含10小时）	62	3.49	0.14		
	10~12小时（含12小时）	57	3.71	0.11		
	12小时以上	10	3.90	0.08		
内卷	8小时及以下	36	2.48	0.02	5779.00	0.00
	8~10小时（含10小时）	62	3.51	0.06		
	10~12小时（含12小时）	57	3.78	0.04		
	12小时以上	10	3.91	0.03		

由表8-8可知，4个变量的显著性水平均不超过标准值0.05，说明工作时长对内卷4个维度而言有显著影响。具体而言，从内卷认知维度来看，工作时长超过10小时的员工内卷得分明显较高；从内卷行为维度来看，工作时长大于12小时的员工内卷行为得分最高，工作时长在10~12小时（含12小时）的员工内卷行为得分仅次于工作时长超过12小时的员工；从内卷情绪维度来看，得分最高的是工作时长超12小时的员工；从内卷整体角度来看，依然是工作时长超12小时的员工内卷分数最高。综上，我们可以得出，员工的工作时长越长，其内卷得分越高，内卷程度越为明显。

8.6 本章小结

本章通过问卷研究的方式调查了165位互联网行业的员工，调查了这些企业劳动者的日常工作时间，内卷相关方面一些现象存在的程度，将得到的数据进行样本分析、信效度分析、相关性分析、差异性分析、单因素方差分析等，对工作内卷和超时工作两种现象进行了分析，也对两种现象的相关性做出了分析。

第一，在所调查行业中，员工超时工作的现象是普遍存在且程度严重的。根据本章统计数据可知，在被调查的劳动者中，只有21.8%的劳动者平均每日工作时长在8小时以内，有78.2%的劳动者工作时间超过了8小时。

第二，在所调查行业中，员工的工作内卷现象普遍存在，且员工的内卷程度是很严重的。根据本章在内卷的认知、行为、情绪三个维度上的调查数据，每个维度觉得符合内卷现象的人数占比都是最大的，都已超过50%。

第三，在所调查行业中，员工的性别对员工的超时工作影响不显著。根据本文的调查研究，超时工作的性别差异分析中显著性为0.23，大于标准水平，即在互联网行业，男性和女性的超时工作情况是一样的，都可能会存在加班现象。

第四，在所调查行业中，员工的性别对员工的内卷影响不显著。根据本章的调查研究，内卷认知维度的性别差异显著性为0.51，内卷行为维度的性别差异显著性为0.32，内卷情绪维度的性别差异显著性为0.30，内卷整体的性别差异显著性为0.35，均大于平均水平，即在互联网行业，性别对内卷的影响并不大，不论男性还是女性都可能会存在内卷现象。

第五，在所调查行业中，员工的工作时长和工作内卷呈高度相关性，且员工的工作时长越长，内卷程度越严重。根据两者的相关性分析可知，员工的工作时长和工作内卷的相关性系数为0.899，呈高度相关；在两者的关系分析中可知，该分析的显著性均为0.00，不超过标准值0.05，即工作时长对内卷有显著的影响，且从分析可以看出，员工的工作时长越长，员工工作内卷的程度均值越大，即员工的工作时长越长，其内卷行为越严重。

第9章 员工非理性内部竞争行为
对幸福感的影响

——基于企业的实证

9.1 企业简介及其人力资源管理现状

9.1.1 企业简介

Y企业创立于1996年，主要的业务有一系列的产品研发、在智能用电领域的生产和销售，并且会给客户提供解决方案，通常是关于电能信息采集与管理方面。不仅如此，企业还涉及电网信息化方面的技术开发和服务，主要产品包括单相和三相智能电能表、集中器、采集器、配电网自动化终端及故障指示器、采集装置、主站系统及相关软件的技术开发与服务等。Y企业是行业内比较早进入电能计量领域的，技术也比较超前，至今已经掌握大部分智能电能表等主要产品的核心技术，如企业的电能信息采集装置以及智能输电网分析管控系统等产品。企业拥有非常多的专利和软件著作权，为企业带来了很多的业务以及获得多项科技成果荣誉。企业自设立以来，非常重视技术开发与人才培养。

9.1.2 组织变革与人力资源管理问题分析

组织变革最先体现在管理者，也就是领导。之前的领导由于缺乏对市场经济的分析能力、管理理念陈旧等问题被调换，新任领导之前一直从事在内卷严重、加班严重的行业，她到来后就开始重新制定人力资源管理制度，开始带头加班内卷，任务和要求也很明确，但少了对下属的激励，只是埋头苦干，非常重视流程，设置很多的流程节点，完全改变了之前的领导风格。

　　Y企业的员工工资由固定薪资和绩效组成，其中固定薪资占60%，绩效薪资占40%。绩效工资以季度为发放周期，未到考核周期员工当月的绩效工资先按照所任职岗位的绩效基准发放，并于考核后次月予以调整。但绩效评定一直存在问题，例如：销售可以通过成交量来衡量，直接算提成，但不能直接创造经济效益的部门如人力资源部可以通过简历的筛选、与候选人的沟通、面试数量、入职数量来量化一部分工作，但工作绩效不能通过这些可量化的工作来直接体现。不同的职能部门工作内容、工作性质以及工作方式等差异比较大，无法统一绩效考核的标准，导致绩效评价比较模糊，只能流于形式。职能部门工作范围广、工作量大、内容繁杂，且临时性任务多，缺乏计划性，工作效率难提升，其绩效评价更多是定性的，量化起来非常困难。奖金一般是以"奖金包"的形式发放给各个部门，再由部门进行内部拆分，这样做也是因为部门内部会更了解员工平时的工作表现以及贡献，一般会在年初发放。但因为没有评定的指标，部门内部员工也会对分配的金额产生异议，无法让每位员工都满意。员工每年在4月都会有调薪机会，幅度在5%~10%，想要调薪的员工应在每年4月提出申请，经过部门领导对该员工平时的工作表现、出勤、做出的贡献、绩效等综合考虑，再对该员工进行面谈做出决策。福利制度包括社会保险、住房公积金、午餐补贴。公司按照社会保险管理机构的规定为员工缴纳各项社会保险，缴纳基数及缴纳类别依照社保政策执行。公司按照住房公积金管理中心的规定为员工缴纳住房公积金，但缴纳基数及比例是最低标准；另外，每个月会有定额的午餐补贴，按实际出勤天数计算并列入税前工资一并发放。

9.2 实证调查

9.2.1 问卷设计

本部分研究问卷共分为三个部分，分别是基础信息、工作内卷、幸福感。

第一部分基础信息包括性别、年龄、学历、每日工作时长、部门类型、单位性质、职位、企业规模八个方面。

第二部分工作内卷包含内卷认知、内卷行为、内卷情绪三个维度，涵盖了工作内卷的所有角度。

第三部分幸福感包含生活幸福感、工作幸福感、心理幸福感三个维度，涵盖了幸福感的各个角度。生活幸福感维度包含6道题目，工作幸福感维度包含6道题目，心理幸福感维度包含6道题目，共计18道题目。

第二部分和第三部分均采用Likert5级量表，基于被调查者选择相应的符合度。其中1代表完全不符合，2代表不符合，3代表不确定，4代表符合，5代表完全符合。

9.2.2 问卷实施

本次问卷主要通过问卷星发放，通过微信群聊、朋友圈等方式分享。且问卷开头有提示语告知被调查者本次调查是以无记名方式进行的，仅用于论文研究，且不会外泄，具体问卷详见附录F。最终收到178份问卷，问卷回收后，剔除无效问卷19份，剩余有效问卷159份，问卷有效率为89.33%。对于问卷的筛查，首先，有被调查者每道题目都选择同一个答案，明显是随意作答的会被剔除。其次，有年龄与职位明显不符合的，年龄很小却选择"高层管理者"的，会被剔除。最后，还有明显不符合逻辑的，具有相反意义的题目，却选择同一个选项的，也会被剔除。

9.2.3　结果分析

9.2.3.1　基础信息描述性统计

现在对 159 份问卷的基础信息部分进行描述性统计分析，基础信息部分包括性别、年龄、学历、工作年限、每天工作时长、部门类型、单位性质、职位，如表 9-1 所示。

表 9-1　基础信息描述性统计

变量	类型	N	百分比（%）
性别	男	81	50.9
	女	78	49.1
年龄	25 岁以下	19	11.9
	25~30 岁	49	30.8
	31~35 岁	39	24.5
	36~40 岁	31	19.5
	41~45 岁	18	11.3
	45 岁以上	3	1.9
学历	高中及以下	18	11.3
	专科	56	35.2
	本科	62	39
	硕士	20	12.6
	博士	3	1.9
工作年限	3 年以下	36	22.6
	3~5 年	59	37.1
	6~10 年	35	22
	11~15 年	22	13.8
	15 年以上	7	4.4
每天工作时长	8 小时及以下	23	14.5
	8~10 小时（含 10 小时）	39	24.5
	10~12 小时（含 12 小时）	83	52.2
	12 小时以上	14	8.8

续表

变量	类型	N	百分比（%）
部门类型	生产相关业务部门	36	22.6
	研发相关业务部门	92	57.9
	市场营销业务部门	9	5.7
	财务部门	5	3.1
	人力资源部门	5	3.1
	后勤部门	2	1.3
	综合行政部门	4	2.5
	其他	6	3.8
单位性质	股份制企业	158	99.4
	国有企业	1	0.6
职位	普通员工	113	71.1
	基层管理者	36	22.6
	中层管理者	8	5
	高层管理者	2	1.3

首先分析基础信息中的性别变量。由表9-1可知，在此次问卷调查中男女比例比较均匀，男性人数81人，占50.9%，女性人数78人，占49.1%。

其次分析基础信息中的年龄变量。由表9-1可知，此次问卷调查中被调查者分布最多的是25~30岁49人，占30.8%，次多是31~35岁39人，占24.5%，36~40岁31人，占19.5%，紧接着是25岁以下和41~45岁，人数分别是19人（占11.9%）和18人（占11.3%），最少的是45岁以上3人，占1.9%。从年龄分布来看，Y企业员工年龄比较均匀。

从学历变量来分析，被调查者中，本科与专科学历较多，人数分别是62人（占39%）与56人（占35.2%）。硕士学历位居中间，共有20人，占12.6%。高中及以下18人，占11.3%。博士学历人数最少，3人，占1.9%。整体来看，所测样本基本涵盖所有学历范围。

从工作年限来看，被调查者中，占比最多的是3~5年的员工，共有59人，占37.1%。次多是3年以下和6~10年的员工，分别是36人（占22.6%）和35人（占22%）。然后是11~15年的员工，共有22人，占比13.8%。工作年限在

15 年以上的员工最少，共有 7 人，占 4.4%。由此可见，Y 企业员工工作年限都较长。

从每日工作时长来看，被调查者中，每天工作 10~12 小时（含 12 小时）最多，共有 83 人，占 52.2%。其次是每天工作 8~10 小时（含 10 小时），共有 39 人，占 24.5%。每天工作 8 小时及以下人数是 23 人，占 14.5%。最少的是每天工作 12 个小时以上，共有 14 人，占 8.8%。由此可见，以每天工作时间 8 个小时为标准，Y 企业员工每天工作时间都较长。从职位上来分析，被调查者中，普通员工人数最多，共有 113 人，占 71.1%，次多是基层管理者，共有 36 人，占 22.6%，中层管理者和高层管理者最少，人数分别是 8 人（占 5%）和 2 人（占 1.3%）。由此可分析出，Y 企业的职位划分较为合理。

9.2.3.2 描述性统计分析

采用描述性统计分析，主要是解读均值和标准差。均值表示该变量调查样本的平均水平，从标准差可以看出数据的波动性大小。表 9-2 为问卷 6 个维度描述性统计分析的统计结果。

表 9-2 描述性统计分析

	均值	中位数	标准差	方差	最小值	最大值
认知维度	3.758	3.833	0.921	0.849	1	5
行为维度	3.701	3.833	0.927	0.860	1	5
情绪维度	3.736	4	0.905	0.820	1	5
生活幸福感	3.558	3.833	1.076	1.160	1	5
工作幸福感	3.514	3.833	1.104	1.219	1	5
心理幸福感	3.543	3.833	1.101	1.214	1	5

由表 9-2 可知，认知维度的均值为 3.758，行为维度的均值为 3.701，情绪维度的均值为 3.736，生活幸福感的均值为 3.558，工作幸福感的均值为 3.514，心理幸福感的均值为 3.543。6 个维度的标准差都趋近于 1，说明数据结果比较符合预期。

9.2.3.3 信度分析

为了保证问卷数据的可靠性，信度检验是十分必要的，信度是根据 Cronbach's α 来进行判断的。如果在 0.8 以上，则该测验或量表的信度非常好；信度系数在 0.7~0.8 都是可以接受的；如果在 0.6~0.7，则该量表应进行修订，但仍不失其价值；如果低于 0.6，量表就需要重新设计题项。信度分析结果如表 9-3 所示。

表 9-3　信度分析

变量	Cronbach's α
认知维度	0.916
行为维度	0.916
情绪维度	0.912
生活幸福感	0.935
工作幸福感	0.945
心理幸福感	0.947
内卷总分	0.969
幸福感总分	0.980

由表 9-3 可知，不同维度的信度检验结果，从中可以看出员工内卷的认知、情绪和行为 3 个维度，员工的生活幸福感、工作幸福感以及心理幸福感 3 个维度及其整体的内卷和幸福感的可靠性系数均大于 0.9，说明本部分所采用的量表内部一致性较高，信度较好。

9.2.3.4 效度分析

效度分析被用作检验问卷是否有效，能够反映量表测量结果是否准确。如果 KMO 度量值大于 0.9，则说明效度非常好；0.7~0.9 表示较好，量表的效度在可以接受的范围；0.5~0.7 表示一般；若 KMO 度量值小于 0.5，则不适合因子分析。效度分析结果如表 9-4 所示。

表 9-4　效度分析

变量	KMO	显著性
认知维度	0.900	
行为维度	0.917	
情绪维度	0.909	
生活幸福感	0.930	0.000
工作幸福感	0.935	
心理幸福感	0.926	
内卷总分	0.970	
幸福感总分	0.978	

由表 9-4 可知，本问卷对认知维度、行为维度、情绪维度、生活幸福感、工作幸福感、心理幸福感六个维度量表的样本数据，以及内卷和幸福感整体进行效度检验，六个变量的 KMO 值分别是 0.900、0.917、0.909、0.930、0.935、0.926，内卷总分的 KMO 值为 0.970，幸福感总分的 KMO 值为 0.978，均大于 0.9，且显著性均小于 0.05，说明量表具有良好的效度，此问卷适用于后续的进一步分析。

9.2.3.5　单因素方差分析

（1）性别

本部分采用单因素方差分析，判断基础背景信息等因素对于此次研究变量是否存在显著差异性，表 9-5 是关于性别的差异性检验。

表 9-5　性别单因素方差分析

变量		N	平均值	标准差	F	显著性
生活幸福感	男	81	3.48	1.14	0.920	0.340
	女	78	3.64	1.01		
工作幸福感	男	81	3.47	1.14	0.220	0.640
	女	78	3.56	1.08		
心理幸福感	男	81	3.48	1.15	0.620	0.432
	女	78	3.61	1.05		

续表

变量		N	平均值	标准差	F	显著性
内卷	男	81	3.73	0.88	0.000	0.998
	女	78	3.73	0.91		

由表9-5可知，4个变量的显著性水平均超过标准值0.05，说明不同性别在内卷、生活幸福感、工作幸福感和心理幸福感方面不存在显著差异。

（2）年龄

采用单因素方差分析，判断基础背景信息中年龄因素对于研究变量是否存在显著差异性，如表9-6所示。

表9-6 年龄单因素方差分析

变量		N	平均值	标准差	F	显著性
生活幸福感	25岁以下	19	3.23	1.29	3.758	0.003
	25~30岁	49	3.47	1.13		
	31~35岁	39	3.86	0.76		
	36~40岁	31	3.96	0.85		
	41~45岁	18	2.93	1.14		
	45岁以上	3	2.78	1.78		
工作幸福感	25岁以下	19	3.17	1.32	3.956	0.002
	25~30岁	49	3.52	1.10		
	31~35岁	39	3.82	0.78		
	36~40岁	31	3.85	0.87		
	41~45岁	18	2.79	1.29		
	45岁以上	3	2.50	1.88		
心理幸福感	25岁以下	19	3.17	1.33	3.828	0.003
	25~30岁	49	3.48	1.11		
	31~35岁	39	3.85	0.79		
	36~40岁	31	3.92	0.84		
	41~45岁	18	3.00	1.23		
	45岁以上	3	2.28	2.07		

续表

变量		N	平均值	标准差	F	显著性
内卷	25 岁以下	19	3.88	0.91	4.391	0.001
	25~30 岁	49	3.91	0.86		
	31~35 岁	39	3.85	0.67		
	36~40 岁	31	3.74	0.90		
	41~45 岁	18	2.97	0.87		
	45 岁以上	3	2.80	1.43		

由表9-6可知，4个变量的显著性水平均不超过标准值0.05，说明不同年龄在内卷、生活幸福感、工作幸福感和心理幸福感方面存在显著差异。通过均值来比较，年龄在36~40岁的员工在幸福感方面的得分会比其他年龄段的得分更高，不论是在生活幸福感还是工作幸福感抑或是心理幸福感方面，该年龄层的幸福感得分相较其他年龄层的得分会更高一些。这个年龄段的人处于上有老下有小的阶段，相对来说压力会更大。年龄在25~30岁的员工在内卷方面的得分相较其他年龄段的员工来讲较高，这个年龄段的人们迈入职场不久，面对企业转型背景会产生焦虑以及压力，更易引发内卷现象。

（3）学历

采用单因素方差分析，判断基础背景信息中学历因素对于此次研究变量是否存在显著差异性，如表9-7所示。

表9-7 学历单因素方差分析

变量		N	平均值	标准差	F	显著性
生活幸福感	高中及以下	18	3.60	0.89	0.139	0.968
	专科	56	3.55	1.22		
	本科	62	3.54	1.06		
	硕士	20	3.53	0.94		
	博士	3	4.00	1.04		
工作幸福感	高中及以下	18	3.62	0.97	0.100	0.982
	专科	56	3.50	1.18		
	本科	62	3.50	1.10		
	硕士	20	3.46	1.11		
	博士	3	3.78	0.92		

续表

变量		N	平均值	标准差	F	显著性
心理幸福感	高中及以下	18	3.55	0.95	0.090	0.986
	专科	56	3.51	1.25		
	本科	62	3.54	1.08		
	硕士	20	3.58	0.96		
	博士	3	3.89	0.95		
内卷	高中及以下	18	3.50	1.04	0.897	0.467
	专科	56	3.81	0.79		
	本科	62	3.66	1.00		
	硕士	20	3.87	0.68		
	博士	3	4.24	0.37		

由表9-7可知，4个变量的显著性水平均超过标准值0.05，说明不同学历在内卷、生活幸福感、工作幸福感和心理幸福感方面不存在显著差异。

（4）工作年限

采用单因素方差分析，判断基础背景信息中工作年限因素对于此次研究变量是否存在显著差异性，如表9-8所示。

表9-8　工作年限单因素方差分析

变量		N	平均值	标准差	F	显著性
生活幸福感	3年以下	36	3.19	1.25	3.257	0.013
	3~5年	59	3.76	0.84		
	6~10年	35	3.88	1.08		
	11~15年	22	3.25	1.10		
	15年以上	7	3.10	1.12		
工作幸福感	3年以下	36	3.21	1.19	3.902	0.005
	3~5年	59	3.75	0.85		
	6~10年	35	3.84	1.12		
	11~15年	22	3.09	1.17		
	15年以上	7	2.81	1.39		

续表

变量		N	平均值	标准差	F	显著性
心理幸福感	3 年以下	36	3.14	1.23	3.289	0.013
	3~5 年	59	3.75	0.86		
	6~10 年	35	3.87	1.06		
	11~15 年	22	3.29	1.21		
	15 年以上	7	3.05	1.39		
内卷	3 年以下	36	3.85	0.87	3.956	0.004
	3~5 年	59	3.96	0.78		
	6~10 年	35	3.67	0.83		
	11~15 年	22	3.24	1.08		
	15 年以上	7	3.11	0.80		

由表 9-8 可知，4 个变量的显著性水平均不超过标准值 0.05，说明不同工作年限对内卷、生活幸福感、工作幸福感和心理幸福感方面存在显著差异。通过比较均值，工作年限在 6~10 年的员工在幸福感得分较高，无论是在生活、工作还是心理上幸福感总体得分都较高。而从内卷层面来看，工作年限在 3~5 年的员工在内卷方面的得分较高，即该企业中的工作年限在 3~5 年的员工内卷更为明显。这部分员工可能有了一定的工作经验积累，但是还没有相应的晋升，所以引发了内卷现象。

（5）部门类型

采用单因素方差分析，判断基础背景信息中部门类型因素对于此次研究变量是否存在显著差异性，如表 9-9 所示。

表 9-9　部门类型单因素方差分析

变量		N	平均值	标准差	F	显著性
生活幸福感	生产相关业务部门	36	3.74	0.94	4.639	0.000
	研发相关业务部门	92	3.74	0.91		
	市场营销业务部门	9	3.02	1.19		
	财务部门	5	2.27	1.03		
	人力资源部门	5	1.80	1.79		

续表

变量		N	平均值	标准差	F	显著性
生活幸福感	后勤部门	2	3.58	1.77	4.639	0.000
	综合行政部门	4	3.67	1.03		
	其他	6	3.00	1.34		
工作幸福感	生产相关业务部门	36	3.64	1.07	4.411	0.000
	研发相关业务部门	92	3.70	0.89		
	市场营销业务部门	9	2.96	1.16		
	财务部门	5	2.40	1.35		
	人力资源部门	5	1.80	1.79		
	后勤部门	2	3.33	1.89		
	综合行政部门	4	4.13	1.01		
	其他	6	2.72	1.37		
心理幸福感	生产相关业务部门	36	3.63	1.01	3.900	0.000
	研发相关业务部门	92	3.74	0.93		
	市场营销业务部门	9	3.06	1.13		
	财务部门	5	2.43	1.25		
	人力资源部门	5	1.80	1.79		
	后勤部门	2	3.42	1.77		
	综合行政部门	4	3.83	1.19		
	其他	6	3.00	1.50		
内卷	生产相关业务部门	36	3.72	0.81	3.254	0.003
	研发相关业务部门	92	3.88	0.73		
	市场营销业务部门	9	3.05	1.15		
	财务部门	5	3.12	0.53		
	人力资源部门	5	4.22	1.74		
	后勤部门	2	3.67	0.47		
	综合行政部门	4	3.75	0.85		
	其他	6	2.65	1.49		

由表9-9可知，4个变量的显著性水平均不超过标准值0.05，说明部门类型在内卷、生活幸福感、工作幸福感和心理幸福感方面存在显著差异。通过比较均值，生产和研发相关部门在生活幸福感方面的得分较高，综合行政部门在工作幸

福感和心理幸福感上的得分较高。从内卷来看，人力资源部门在内卷方面的得分较高，在幸福感上得分较低，即该企业人力资源部门面临各种人力资源制度的更改、领导的转变，导致该部门幸福感偏低，引发人力资源部内卷现象。

（6）职位

采用单因素方差分析，判断基础背景信息中职位因素对于此次研究变量是否存在显著差异性，如表 9-10 所示。

表 9-10　职位单因素方差分析

变量		N	平均值	标准差	F	显著性
生活幸福感	普通员工	113	3.55	1.04	0.820	0.485
	基层管理者	36	3.70	1.09		
	中层管理者	8	3.04	1.36		
	高层管理者	2	3.50	2.12		
工作幸福感	普通员工	113	3.50	1.03	1.220	0.305
	基层管理者	36	3.70	1.19		
	中层管理者	8	2.90	1.37		
	高层管理者	2	3.25	2.47		
心理幸福感	普通员工	113	3.54	1.07	0.610	0.610
	基层管理者	36	3.66	1.14		
	中层管理者	8	3.08	1.37		
	高层管理者	2	3.67	1.89		
内卷	普通员工	113	3.78	0.84	2.406	0.069
	基层管理者	36	3.71	0.96		
	中层管理者	8	3.56	0.98		
	高层管理者	2	2.14	1.45		

由表 9-10 可知，4 个变量的显著性水平均超过标准值 0.05，说明职位在内卷、生活幸福感、工作幸福感和心理幸福感方面不存在显著差异。

（7）相关性分析

采用相关性分析，分析变量之间存在的两两相关关系，如表 9-11 所示。

表 9-11 相关性分析

	认知维度	行为维度	情绪维度	生活幸福感	工作幸福感	心理幸福感	内卷总分	幸福感总分
认知维度	1							
行为维度	0.903**	1						
情绪维度	0.902**	0.912**	1					
生活幸福感	0.308**	0.314**	0.287**	1				
工作幸福感	0.318**	0.327**	0.295**	0.949**	1			
心理幸福感	0.280**	0.286**	0.262**	0.951**	0.941**	1		
内卷总分	0.966**	0.970**	0.969**	0.313**	0.324**	0.285**	1	
幸福感总分	0.307**	0.315**	0.287**	0.984**	0.981**	0.982**	0.313**	1

注：**表示在1%的水平（双侧）上显著相关。

由表 9-11 可知，变量整体都在 0.01（$p<0.01$）的水平上显著相关，相关系数范围在 [-1, 1]，绝对值越大说明越相关，由此可见幸福感与内卷存在弱相关性的。

9.3　研究结论与应对策略

9.3.1　研究结论

通过本次研究得出：

第一，性别、学历和职位在内卷和幸福感方面不存在显著差异。

第二，不同年龄段在内卷和幸福感方面是存在显著差异的。年龄在 36~40 岁的幸福感程度较高，可能是由于这个年龄段的员工家庭和事业都已经较为稳定。年龄在 25~30 岁的员工在内卷方面的得分较高，这个年龄段的员工刚刚迈入职场不久，在面对企业转型背景下会产生焦虑以及压力，引发内卷现象。

第三，不同工作年限在内卷和幸福感方面是存在显著差异的。工作年限在

6~10 年的员工幸福感得分较高，主要原因可能是这部分员工工作和生活都已经处于稳定期，所以其自身的幸福感相对来讲会更高一点。而在内卷层面上，工作年限在 3~5 年的员工得分较高，这部分员工可能具备了工作经验，工作也很认真负责，正处于事业拼搏期；而职场上的资源有限，竞争相对更为激烈，极易引发内卷现象。

第四，不同部门类型在内卷和幸福感方面是存在显著差异的。生产和研发相关部门在生活幸福感方面的得分较高；综合行政部门在工作幸福感和心理幸福感上的得分较高；而人力资源部门在内卷方面得分较高，且幸福感得分较低，主要的原因可能是目前该公司正面临各种人力资源制度的更改、领导的转变，相较其他部门具有不稳定性，该部门员工在感受到这些外部变化后会产生一定的危机意识，不得不参与内卷，从而引发人力资源部内卷现象。

第五，幸福感与内卷是存在弱相关性的。内卷对幸福感有一定的影响，但内卷并不一定会让员工幸福感降低。

9.3.2　员工自身调节

在转型背景下，员工认为适当的内卷在企业的转型发展中会起到正向作用，会使自己更有干劲，更能发挥出自己的作用，找到自己的价值，所以会给他们带来一定的幸福感。

如果员工内卷导致幸福感有所降低，从个人角度，员工可以进行适当的自身调节来缓解此问题带来的影响，降低内卷行为带来的负面情绪，从而提高幸福感。

在认知层面，在工作中不要只是为了让领导满意而刻意表现，领导满意固然重要，但最主要的是实际的工作效果，即工作的产出是否有实质性进展。刻意的表现会花费大量时间和精力，工作效率却没有提升。另外，要杜绝无效加班现象。

在情绪层面，员工需要从更正自己的认知开始，避免负面内卷情绪影响工作、生活和心理的幸福感。在感受到焦虑与压力的时候，尝试缓解疏导自己的情绪，做一些可以让自己身心愉悦的事情，如适当给自己一个小假期，放下工作走出家门，看看外面的世界，不同的风景和风土人情会有不一样的感悟，回来之后可以更加全身心地投入工作和生活中，这样会使自己的幸福感大大提升。

在行为层面，第一，不要把简单的问题复杂化，制造努力工作的表象，却做着无意义的精益求精的工作，例如投入大量时间和精力去完成低水平的模仿和复制工作，展现出非常忙碌的行为。应该提高工作效率，使自己的工作有实质性的进展。第二，不要消耗时间和周围同事比较工作时长，合理安排工作时间和工作内容，杜绝无意义单纯消耗时间的加班，均衡好工作和生活，可以利用这些时间下班做一些自己喜欢的事情，这样既能提升工作效率，也能带来幸福感。第三，不要和同事恶意竞争。恶意竞争已经超出正常的竞争水平，这样不仅给自己带来无形的压力，也会影响与同事间的相处，制造出不良团队氛围。第四，也是对自身能力的不自信，但与其做着重复消耗时间却毫无进展的工作和同事攀比，不如利用这些时间去提升自己，提升自己的知识储备、工作能力以及应用技能等。

9.3.3　企业管理调节

根据本次研究结果，不同背景信息下在内卷和幸福感方面存在差异性，通过年龄来看，需要关注那些25~30岁的员工，他们刚刚迈入职场不久，还处于职业发展期，面对企业转型，会产生各种压力。通过工作年限来看，需要关注工作年限在3~5年的员工，他们积累了一定的工作经验，需要企业提供一些晋升的渠道，激励他们更加努力地去工作。因为晋升代表着企业对员工工作的认可和信任。

企业针对不同的部门类型，因为工作内容和工作性质的不同，管理的方式和方法也可以灵活掌握，如通过建立完善的绩效考核体系来奖励员工；绩效考核不仅是一个形式，要发挥出它的作用，通过绩效来激励员工更好地工作，需要注重过程和结果。对于工作认真且有实质性产出结果的员工发放奖金进行奖励，可以提升员工工作上和心理上的幸福感，成为下一年工作的"兴奋剂"，使辛苦工作一年的员工内心得到安慰和满足。福利方面，企业部门内部也可以举办一些团建活动，不仅缓解了工作的紧张，还可以促进团队之间的合作，增强团队精神，一起更好地相互协助，更好地完成工作任务。企业每年评选优秀员工，组织出国游，可携带家属，不仅会增强员工对企业的忠诚度，也会影响员工的幸福感。对于不同规模的企业应制定不同的人力资源管理制度，适应自身管理即可。

第10章 基于员工激励模型的非理性内部竞争行为改善路径

——基于公司研发部门的实证

10.1 公司及研发部门概况

10.1.1 公司概况

Z公司成立于2010年，是一家高科技公司，致力于为医院和政府提供智能医疗需求的集成解决方案，其业务涵盖医院临床信息化、医院临床数据扫描、智能医疗云平台、医疗社区等。随着信息技术的快速发展，Z公司融合互联网技术、大数据技术、云计算平台，成功开发多套解决方案，逐步形成了新一代医院信息系统、医疗大数据中心、移动医院信息系统等核心产品。Z公司以用户满意为终极目标，致力于打造新时代优秀的智慧医疗解决方案。Z公司组织架构如图10-1所示。

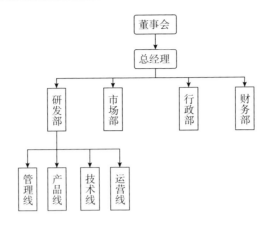

图 10-1　Z 公司组织架构

10.1.2　研发部门概况

Z 公司员工人数超 700 人，研发部门员工占 75%。Z 公司的研发部门采用平行式组织结构，即由若干个工作组组成，每个工作组之间没有固定的上下级关系，而是基于协作和相互支持的原则开展工作。在具体实践中，Z 公司研发部门的平行式组织结构由四个主要工作组组成，分别为前端开发组、后端开发组、测试组和项目管理组。其中，前端开发组主要负责产品的用户界面设计和开发；后端开发组则主要负责产品的后端逻辑和数据库开发；测试组主要负责对产品进行测试和质量保障；项目管理组则负责协调和管理项目的进度和流程。Z 公司研发部门的人员构成包括：①技术人员，主要包括前端工程师、后端工程师和测试工程师等。②项目管理人员，主要包括项目经理、产品经理、需求分析师等。③运营人员，主要包括客户经理、市场推广人员等。

在研发团队中，技术人员是最主要的人员群体，他们的技术水平和工作效率直接决定了产品的质量和市场竞争力；而项目管理人员则是确保项目进度和质量的重要保障；运营人员是产品外部展示和市场推广的关键力量。这些人员之间的紧密协作和高效沟通是保证团队工作顺利进行的重要前提。

10.2　研发部门员工非理性内部竞争行为现实表现

本部分通过设计非结构化访谈对 Z 公司研发部门代表性员工进行深入访谈，了解员工对员工非理性内部竞争行为（工作内卷）的认知和态度，从而获得第一手数据。除通常的面对面访谈外，还使用了微信平台进行采访。在线访谈除了更方便外，受访者的回答也会更自由和真实。访谈基于公开、互动和保密的原则，以问题为中心，引导受访者从自己的角度回答。深度访谈的时间设定在半小时左右，为受访者预留了相对充足的思考时间。本次深度访谈问题参考 Dou 等（2022）的研究，访谈提纲详见附录 G。

访谈对象为 Z 公司研发部门员工代表，分别为技术人员 9 人，具体是前端工程师、后端工程师和测试工程师各 3 人；项目管理人员 9 人，具体是项目经理、产品经理、需求分析师各 3 人；运营人员 6 人，具体为客户经理、市场推广人员各 3 人。通过对员工的访谈结果整理，归纳出 Z 公司研发部门工作内卷的现实表现主要包括：劳动时间方面，表现为超时劳动；工作效益方面，表现为表效竞争；员工心理方面，表现为倦怠、"躺平"和焦虑。

10.2.1　劳动时间表现

劳动时间方面，表现为超时劳动。IT 行业是超时劳动的重灾区，GitHub 上有人创建了"996·ICU"的项目，揭露"工作 996，生病 ICU"，仅几天获得星数已经超过 10 万。996 似乎是 IT 企业员工的传统，Z 公司研发部门的员工也深度继承这一传统，主要表现在以下两个方面：

一是员工工作时间长。Z 公司正常工作时间是早 9 点到晚 6 点，研发部门的员工基本没有 6 点走的，朝 9 晚 9 是常态。访谈中员工提到"因为我周围的每个人都在加班，所以我强迫自己也要到 9 点再走"。由于研发部门承担着公司的核心产品开发任务，因此任务量较大，加之公司市场竞争激烈，产品更新迭代较快，工作压力进一步加大。员工为了完成任务而不得不加班长时间工作，甚至可能每天工作十几个小时。

二是员工加班频繁。为保证项目的进度和质量，部门内的技术人员经常需要加班，长时间加班甚至成为一种常态。周末加班也是常事，项目赶工集体加班，或者自己研发周期不够自觉加班都有。"工作真的消耗了我大部分的精力，我觉得我不能照顾很多其他事情，我不想去想它。"

10.2.2　工作效益表现

工作效益方面，表现为无效竞争。无效竞争指的是为了个人利益而进行的竞争，没有为公司带来实际的价值和利益，而且还可能导致公司的损失。以下是工作内卷导致的无效竞争的现实表现：

一是员工注重"量"的竞争。如工作时长的比拼、周报篇幅的较量、工作总结PPT的数的竞争。"对于可以通过简单的引入外部库就可以解决的问题，也要重新'造轮子'。否则，创新和深度不足。"

二是研发部门出现恶意竞争现象。员工为了在工作中获得成功和奖励，可能会存在恶意竞争的情况，盲目攀比竞争，不利于日常工作的开展，降低了工作效率。

三是员工陷入重复无提升的工作。访谈中有员工说"每天我都在做同样的事情，解决同样的问题""经常举行毫无意义的会议""每天做重复的工作会让你感到无聊，你会失去生活中的很多乐趣"。工作中难以创新，"由于我们自己的研发方法已经形成了相对固定的模式，很难改变"。每天在同一水平"陀螺式运动"，却没有质的提升。

四是员工表现虚伪。员工为了获得奖励和晋升，可能会在同事或上级面前表现虚伪，这种行为会影响公司的工作质量和绩效。

10.2.3　员工心理表现

员工心理方面，表现为倦怠、"躺平"和焦虑。

（1）倦怠、"躺平"

过度的工作压力和长时间地工作无法休息会导致员工身体疲劳，缺乏睡眠和休息、身体状况逐渐恶化可能导致员工产生倦怠和"躺平"的现象。以下是工作内卷导致的倦怠、"躺平"的现实表现：

一是员工出现工作倦怠。员工可能会感到厌倦和无力继续完成工作任务，缺乏对工作的热情和动力，工作效率低下。"感觉很无力，事实很难突破。"

二是员工懒惰和拖延。员工可能会变得懒惰和拖延，缺乏主动性和积极性，不愿意承担额外的工作任务，"慢慢干，需求是干不完的"。

三是员工产生躺平心态。受挫的员工认为现实是无法改变的，没有动力和信心去改变自己的工作状态。"佛系点，我觉得我就这样了"，员工认为自己没有晋升的希望，"能躺着绝不站着"。

四是员工借口和推诿责任。有员工把工作任务交给其他人或者不负责任地完成任务，这种行为会对公司的工作效率和成果造成影响。"肯定是多一事不如少一事，配合别人的工作，别人的绩效提高了，而对自己绩效没什么帮助，每个人都在趋利避害。"

（2）焦虑

焦虑是个体因将要或者可能会发生的威胁而产生的不安、紧张、烦恼等不愉悦的复杂情感状态（裴越，2022）。Z 公司的末位淘汰制、行业人力资源存量大、35 岁危机等都是焦虑来源。同时，对未来的不确定性导致了员工内卷。

一是员工出现情绪波动，如易怒、焦虑、沮丧、情绪低落等。访谈员工提到"当工作中出现问题时，你的心情不好。当你与家人和朋友交谈时，你可能会不小心将负面情绪带入你的生活"。

二是员工身体不适，例如失眠、头痛、胃痛等。很多员工在访谈中提到"对于将来职业发展的焦虑会失眠""有时工作有没处理完的问题会失眠、头疼"。

三是员工过度自责。员工对自己过度严格，责怪自己的工作业绩不好，产生过度自责的情绪，有人提到"无意义的模仿和加班使生活和工作缺乏意义"。

四是员工社交困难。员工不与同事、上级或家人交流，感到孤独和焦虑。访谈员工提到"加班占用了大量的休息、娱乐和社交时间"。

以上现象都是工作内卷的表现，是一种不健康的工作状态，会对员工的身体和心理健康造成负面影响，也会对企业的生产效率造成负面影响。因此，企业应该采取措施，减轻员工的工作压力，营造健康的工作环境和文化，促进员工的身心健康。

10.3 研发部门员工非理性内部竞争行为调查

10.3.1 员工调查问卷设计

本部分的调查问卷设计为四部分：一是员工激励的测量，这部分对员工感受到的物质激励、发展激励、公平激励、情感激励进行调查；二是工作满意度的测量，这部分主要包括员工内在工作满意度、外在工作满意度的调查；三是员工内卷分类及程度测量，工作内卷按照享受型内卷、耗竭型内卷、功利型内卷、裹挟型内卷四类划分；四是员工基本信息的采集。

（1）员工激励量表依据

本部分参考肖颖映（2021）的研究，将员工激励模型划分为四个维度：物质激励、发展激励、公平激励和情感激励。各维度量表参考 JIA 等开发的物质激励和发展激励两个维度的量表，物质激励选取 3 个题项。公平激励设计 3 个题项分别涉及薪酬及晋升横向、纵向、政策是否公平，情感激励 3 个题项分别涉及生活状况、价值观、成就感方面，所有题项都采用李克特五级量表打分。

（2）工作满意度量表依据

明尼苏达满意度量表是测量工作人员对工作满意度的著名量表，分为长式量表和短式量表。鉴于长式量表需要受测者拥有足够的耐心，本调查采用短式量表，包括内在满意度、外在满意度和一般满意度 3 个分量表。

（3）工作内卷分类依据

笔者参考覃鑫渊和代玉启（2022）在研究中的分类，根据员工陷入工作内卷的原因和对工作内卷抱有的态度将工作内卷进行分类，对应关系如表 10-1 所示：

表 10-1　工作内卷分类

对内卷态度 ＼ 陷入内卷原因	内在原因	外部原因
主动参与	享受型	功利型
被动接受	耗竭型	裹挟型

享受型内卷，是出于自身原因主动参与内卷，指员工在工作中产生过度投入和追求工作满足感的现象，将工作作为一种享受或乐趣。在这种情况下，员工在工作中忽略了工作时间和压力，将工作视为生活的重心，自觉、积极、主动地参与竞争并乐在其中。

耗竭型内卷，是被动参与内卷，但参与内卷的驱动因素是自身导致的，指员工在长期超负荷的工作中导致身心疲惫、情感疲惫的状态，无法再产生工作热情和动力。在这种情况下，员工的工作能力和生产力会下降，如员工感受到压力焦虑，要求自己拼尽全力，不加班会不安。

功利型内卷，是由外部原因驱动参与内卷，但对内卷的态度是主动的，指员工在工作中追求利益和成功，不断追求更高的目标和更大的成就，从而不断加强工作强度和时间压力。在这种情况下，员工有明确的目标导向，更注重工作成果和竞争，而不是工作过程和工作体验。

裹挟型内卷，是由于外部环境导致的被迫内卷，指员工在工作中受到组织和环境的强制作用，不得不长时间工作和承担过多的工作任务，从而影响身心健康和生活质量。在这种情况下，员工缺乏选择权，无法自主控制工作的时间和强度。

这些类型的内卷现象在不同的组织和文化中都可能出现。理解这些类型可以帮助管理者和员工更好地意识到内卷现象的影响和危害，并采取适当的措施来避免和减轻工作内卷的风险。

10.3.2　问卷调查实施

本部分通过问卷星编写调查问卷，并在 2022 年 9 月将问卷链接转发给 Z 公司研发部门员工填写，内容详见附录 H。回收调查问卷共计 278 份，并未发现不合格问卷，最终获得有效问卷 278 份。后续将基于这 278 份有效问卷的数据，通过 SPSS 软件进行实证研究。

10.3.3 信度与效度检验

（1）信度检验

信度检验即检验调查问卷的可靠度、一致性、稳定性。本研究采用 Cronbach's α 系数法来检验。从表 10-2 中可以看到，关于员工激励的信度系数均在 0.8~0.9，整体信度系数在 0.9 以上，表明员工激励量表信度可以接受。从表 10-3 中可以看到，关于工作满意度的整体信度系数在 0.9 以上，表明工作满意度量表信度很好。

表 10-2　员工激励各维度的 Cronbach's α 系数

变量名称	维度名称	题项数	各维度 Cronbach's α 系数	整体 Cronbach's α 系数
员工激励	物质激励	3	0.819	0.947
	发展激励	3	0.867	
	公平激励	3	0.865	
	情感激励	3	0.883	

表 10-3　工作满意度 Cronbach's α 系数

变量名称	维度名称	题项数	各维度 Cronbach's α 系数	整体 Cronbach's α 系数
工作满意度	内在满意度	12	0.916	0.954
	外在满意度	8	0.911	

（2）效度校验

效度检验即检验问卷有效性，确定问卷能否反映研究目标。本部分采用结构效度中的验证性因子分析进行效度检验。从表 10-4 中可以看到，员工激励和工作满意度的 KMO 值在 0.9 以上，Bartlett 球形检验结果显著，说明问卷量表具有良好的结构效度。

表 10-4　效度检验

量表名称	KMO	近似卡方	df	Sig.
员工激励	0.944	2568.00	66	0.000
工作满意度	0.951	3790.94	190	0.000

10.3.4　描述性统计分析

在进行信效度检验后，应用 SPSS 对各变量做了描述性统计，主要有性别、年龄、学历、内卷类型的描述性统计，如表 10-5 至表 10-8 所示。

表 10-5　性别描述性统计

	频率	百分比（%）	有效百分比（%）	累计百分比（%）
女	128	46.0	46.0	46.0
男	150	54.0	54.0	100.0
合计	278	100.0	100.0	

表 10-6　年龄描述性统计

	频率	百分比（%）	有效百分比（%）	累计百分比（%）
25 岁以下	14	5.0	5.0	20.5
25~30 岁	43	15.5	15.5	15.5
31~35 岁	60	21.6	21.6	42.1
36~40 岁	66	23.7	23.7	65.8
41~45 岁	53	19.1	19.1	84.9
45 岁以上	42	15.1	15.1	100.0

表 10-7　学历描述性统计

	频率	百分比（%）	有效百分比（%）	累计百分比（%）
大专及以下	37	13.3	13.3	82.7
本科	188	67.6	67.6	67.6
硕士	48	17.3	17.3	100.0
博士	3	1.1	1.1	68.7
博士后	2	0.7	0.7	69.4

表 10-8　内卷类型频率统计

内卷类型	频率	百分比（%）	有效百分比（%）	累计百分比（%）
享受型内卷	52	18.7	18.7	18.7
耗竭型内卷	35	12.6	12.6	31.3
功利型内卷	58	20.9	20.9	52.2
裹挟型内卷	133	47.8	47.8	100.0

　　由表 10-5 可知，本次研究男女比例较为均衡，其中女性占 46%，男性占 54%。由表 10-6 可知，年龄分布在 36~40 岁人数最多，为 66 人，其次是 31~35 岁，为 60 人，年龄为 25 岁以下的人数最少，整体年龄分布较为合理。从学历上来看，由表 10-7 可得，本次研究对象大部分集中于本科学历，硕士次之，博士占比较少。从表 10-8 中看到，裹挟型内卷人数最多，为 133 人，占比 47.8%，接近调查对象的一半。其次为功利型内卷、享受型内卷、耗竭型内卷。

10.3.5　差异分析及相关性分析

（1）差异分析

　　本部分应用单因素方差分析研究四组内卷类型数据之间的差异是否有统计学意义。单因素方差分析通过检验假设，检查实际结果比预期结果是否显著不同，从而确定每个数据组是否具有不同的变量水平。如果有显著差异，则可以推断变量对数据结果的影响。单因素方差分析结果的显著性，如表 10-9 所示。

表 10-9　单因素方差分析结果的显著性

		平方和	df	均方	F	显著性
物质激励	组间	24.86	3.00	8.29	7.54	0.00
	组内	301.09	274.00	1.10		
	总数	325.95	277.00			
发展激励	组间	17.69	3.00	5.90	5.23	0.00
	组内	309.27	274.00	1.13		
	总数	326.96	277.00			

续表

		平方和	df	均方	F	显著性
公平激励	组间	21.48	3.00	7.16	6.76	0.00
	组内	290.02	274.00	1.06		
	总数	311.50	277.00			
情感激励	组间	27.95	3.00	9.32	9.01	0.00
	组内	283.40	274.00	1.03		
	总数	311.35	277.00			
员工激励均值	组间	22.72	3.00	7.57	8.76	0.00
	组内	236.86	274.00	0.86		
	总数	259.58	277.00			
内在满意度	组间	13.49	3.00	4.50	9.98	0.00
	组内	123.47	274.00	0.45		
	总数	136.96	277.00			
外在满意度	组间	15.17	3.00	5.06	8.51	0.00
	组内	162.79	274.00	0.59		
	总数	177.96	277.00			
工作满意度均值	组间	14.05	3.00	4.69	9.79	0.00
	组内	131.09	274.00	0.48		
	总数	145.14	277.00			

从表 10-9 中可以清晰看到，四种不同内卷类型在工作满意度和员工激励方面是存在显著差异的。因此我们可以针对不同的内卷类型分析员工激励和工作满意度的影响。

从表 10-10 中可以看到内卷类型的单因素方差分析结果：

表 10-10　内卷类型的单因素方差分析结果

		N	均值	标准差
物质激励	享受型内卷	52	3.33	1.05
	耗竭型内卷	35	2.87	1.15
	功利型内卷	58	3.30	1.12
	裹挟型内卷	133	2.68	0.99

续表

		N	均值	标准差
发展激励	享受型内卷	52	3.50	1.06
	耗竭型内卷	35	3.20	1.27
	功利型内卷	58	3.49	1.12
	裹挟型内卷	133	2.95	0.98
公平激励	享受型内卷	52	3.56	0.95
	耗竭型内卷	35	3.17	1.16
	功利型内卷	58	3.44	1.10
	裹挟型内卷	133	2.90	0.99
情感激励	享受型内卷	52	3.66	1.03
	耗竭型内卷	35	3.17	1.23
	功利型内卷	58	3.56	0.99
	裹挟型内卷	133	2.93	0.96
内在满意度	享受型内卷	52	3.66	0.74
	耗竭型内卷	35	3.58	0.81
	功利型内卷	58	3.82	0.63
	裹挟型内卷	133	3.29	0.62
外在满意度	享受型内卷	52	3.62	0.78
	耗竭型内卷	35	3.40	0.90
	功利型内卷	58	3.75	0.73
	裹挟型内卷	133	3.19	0.75
员工内卷感受程度	享受型内卷	52	5.65	2.20
	耗竭型内卷	35	5.91	2.06
	功利型内卷	58	6.38	2.13
	裹挟型内卷	133	6.01	2.39

　　首先，从 Z 公司研发部门员工内卷感受程度来说，功利型内卷高达 6.38，裹挟型内卷为 6.01，耗竭型内卷为 5.91，享受型内卷最低，也达到了 5.65。说明 Z 公司研发部门的内卷问题比较严重。

其次，员工激励感受度均值最高为 3.51，最低值仅为 2.87，说明 Z 公司研发部的员工激励不足，且物质激励最高值 3.33，最低值 2.68，发展激励最高值 3.50，最低值 2.95，公平激励最高值 3.56，最低值 2.90，情感激励最高值 3.66，最低值 2.93，说明 Z 公司研发部门员工对物质激励、发展激励、公平激励、情感激励的感受均不高。

再次，工作满意度感受度均值最高为 3.79，最低值为 3.25，说明 Z 公司研发部员工的工作满意度不高，且内在满意度最高值 3.82，最低值 3.29，外在满意度最高值 3.75，最低值 3.19，说明 Z 公司研发部门员工内在满意度与外在满意度都不高。

最后，Z 公司研发部门员工感受到的内卷程度从低到高依次为：享受型内卷、耗竭型内卷、裹挟型内卷、功利型内卷。即对于享受型员工来说，工作内卷更可以说是一种享受，因此他们对内卷感受程度最低；而功利型员工对工作内卷的感受程度最高。

从图 10-2、图 10-3 中可以清晰看到，Z 公司研发部门裹挟型员工对物质激励、发展激励、公平激励、情感激励的感受程度，以及工作满意度均最低；享受型员工对物质激励、发展激励、公平激励、情感激励的感受程度最高；享受型员工对工作满意度的感受程度最高。

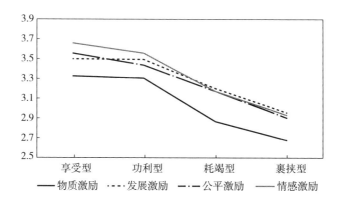

图 10-2　不同内卷分类的员工对激励的感受程度

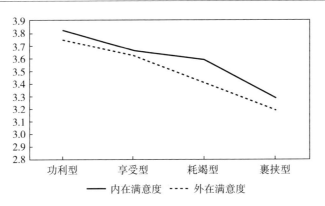

图 10-3 不同内卷类型的员工对工作满意度的感受程度

（2）相关性分析

相关性分析主要用来分析各变量之间是否有相互影响关系，变量间相互影响的密切程度被称为相关系数。本部分采用 SPSS 中的 Pearson 相关系数对员工激励、工作满意度与内卷行为进行相关性分析，分析结果如下：

从表 10-11 中可以看到工作内卷程度、工作内卷态度、工作内卷驱动因素具有相关性的激励维度和满意度，结论如下：

表 10-11 相关性分析

	物质激励	发展激励	公平激励	情感激励	内在满意度	外在满意度	C1	C2	C3
物质激励	1								
发展激励	0.783**	1							
公平激励	0.748**	0.765**	1						
情感激励	0.681**	0.761**	0.774**	1					
内在满意度	0.610**	0.681**	0.719**	0.782**	1				
外在满意度	0.620**	0.683**	0.708**	0.763**	0.899**	1			
C1	0.148*	0.079	-0.010	-0.017	-0.047	-0.051	1		
C2	-0.270**	-0.221**	-0.247**	-0.289**	-0.275**	-0.276**	-0.010	1	
C3	-0.118	-0.111	-0.148*	-0.150*	-0.120*	-0.099	0.074	0.279**	1

注：1. **、* 分别表示在 1%、5% 的水平（双侧）上显著相关。

2. C1 表示员工感觉单位的工作内卷程度，即工作内卷程度；C2 表示员工对内卷抱有什么态度（主动参与、被动接受），即工作内卷态度；C3 表示陷入内卷的原因（个人原因、工作环境、社会环境），即工作内卷驱动因素。

第一，内卷程度与物质激励之间存在着显著的相关关系。更进一步，相关系数为 0.148，表明显著正相关，即内卷程度与物质激励同升同降，高的物质激励意味着高的内卷程度，低的物质激励意味着低的内卷程度。

　　第二，内卷态度与工作满意度之间存在着显著的相关关系。更进一步，相关系数为 -0.275，为显著负相关，即高的工作满意度意味着员工对内卷的态度为主动参与。

　　第三，内卷态度与物质激励、公平激励、发展激励、情感激励均显著相关，相关系数分别为 -0.270、-0.221、-0.247、-0.289，均为显著负相关，即高物质激励、公平激励、发展激励、情感激励意味着员工对待内卷的态度为主动参与。

　　第四，内卷驱动因素与公平激励、情感激励显著相关，相关系数为 -0.148、-0.150，为显著负相关，即高的公平激励、情感激励意味着个人原因参与内卷。

　　第五，内卷驱动因素与内在满意度之间存在着显著的相关关系。更进一步，相关系数为 -0.120，为显著负相关，即高内在满意度意味着个人原因参与内卷。

10.3.6　原因分析总结

　　工作内卷是由多种因素引起的，本部分主要从员工激励和工作满意度两个方面出发，分析造成工作内卷的原因。

　　（1）员工激励

　　本部分中员工激励模型的四维度（即物质激励、发展激励、公平激励、情感激励），Z 公司研发部门员工的感受程度不高。上文中调查问卷相关性分析结果表明，公平激励、情感激励提高导致工作内卷的驱动原因为自身驱动；各激励因素与员工工作内卷的态度具有相关性；并且物质激励的提高将导致内卷程度相应提高。具体各激励维度是如何影响员工工作内卷的，分析如下：

　　物质激励，主要指薪酬福利，薪酬福利的不足最容易引起员工工作满意度降低，工作积极性消失。Z 公司的薪酬属于行业内中等水平，绩效奖金在薪酬中比重达 20%~40%。一方面，绩效考核制度主要根据考核周期内的完成项目量、任务量考核，会驱动员工在工作中以量为目标，忽略自身的进步和任务质量的提升、形成工作内卷。另一方面、绩效考核制度中的绩效考评不健全、不专业、容易导致员工认为做得多不如说得好、注重工作留痕、面子工程、造成工作内卷。

发展激励、一方面指员工的岗位晋升、Z公司研发部门岗位晋升数量较少、且缺乏透明的晋升通道和评估机制、使员工无法清晰地了解自己的晋升机会和晋升条件、进而缺乏动力提升自身的能力和水平。另一方面指员工自身能力的提升、如技术能力、Z公司研发部门组织缺乏必要的工作资源和支持、如培训和支持等、导致员工工作压力过大、产生工作内卷。在市场竞争快速变化的环境下、员工需要不断学习以保持竞争力。

公平激励、是指员工主观感受到的报酬是否公平合理。Z公司研发部门内部已经出现了恶性竞争、员工关系紧张、一旦员工认为自己得到的报酬不合理、就会导致员工工作懈怠、工作积极性下降、甚至出现躺平、离职现象、不利于公司团队建设。

情感激励方面、首先、公司要将员工视作家人、员工才会将公司利益放在首位。目前Z公司研发部门中存在不良的工作文化、一切以项目业绩为重、不尊重员工的工作和生活平衡等、导致员工产生工作内卷。其次、公司应鼓励员工树立主人翁精神、如果缺乏员工参与决策的机会和平台、也会导致工作内卷。实际中Z公司研发部门员工无法参与到决策和规划中来、无法发表自己的意见和建议、这样会降低员工的工作积极性、产生工作内卷。

（2）工作满意度

工作满意度低会导致员工缺乏工作积极性。上文的调查问卷相关性分析中也表明、内在满意度低会驱动内卷；工作满意度低会导致员工对内卷的态度为被动接受。

Z公司研发部门员工工作满意度低、会让员工失去责任心、容易犯错、忽视细节、工作效率变低、任务量也会增加；会让员工缺乏自我激励、失去持续积极发展的动力、会使员工觉得工作没有取得有意义的成就、没有被重视、或者没有得到充分的报酬、就会对工作失去热情和积极性、只是为了完成最基本的工作要求、不会全力以赴；会使员工丧失对未来发展的信心、认为自己的能力很难被认可、没有晋升机会、导致工作效率下降、产生工作内卷。

10.4　研发部门员工非理性内部竞争行为改善路径

10.4.1　基于激励模型的员工非理性内部竞争行为改善路径

基于激励模型，即物质激励、发展激励、公平激励、情感激励四维度模型，结合问卷调查问卷分析，提出享受型内卷、功利型内卷、耗竭型内卷、裹挟型内卷分类下员工工作内卷的改善路径（如图 10-4 所示），对应各种内卷分类改善最急需的激励方式，结论如下：

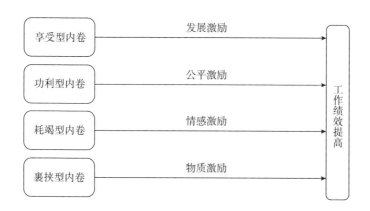

图 10-4　基于激励模型的员工工作内卷改善路径

（1）享受型内卷改善路径

Z 公司研发部门应当为享受型内卷的员工提供发展激励，使其得到培训支持，进而创新，从而突破内卷。内卷的一个重要特点是在同一水平的循环往复，无法达到更高阶（薛月琦和张荣华，2021）。因此，创新工作模式和方法可以应对内卷。创新是发展的动力之源，是提高工作效率的法宝。企业应对创新给予奖励，树立创新榜样，对于创新失败给予理解，鼓励员工创新。一旦实现技术突破，商业模式创新就能突破内卷。

创新的实现需要不断学习。培训是员工学习的重要方式，也是企业培养人才的重要手段。企业通过培训丰富员工知识，拓展员工的视野，帮助员工建立完善的知识体系，可以与不同的工作需求相结合，针对不同岗位所需的技能，进行相对应的培训。一方面，企业应当根据员工的需求，建立培训计划，对培训时间做出合理安排；另一方面，企业应重视培训效果的考核，对各类培训建立评价和监督系统，并在反馈效果的基础上对培训计划做出调整，使员工的工作能力得到快速提升。

（2）功利型内卷改善路径

Z公司研发部门功利型内卷的员工对于激励最为敏感，而功利型内卷员工的强目的性特点要求针对这类员工应当首要进行公平激励，加强员工自我驱动，提升其工作积极性和满意度，有效对抗工作内卷的产生。

公平激励方法包括薪酬福利公平和人才评价选拔机制公平。公平理论提到，公平不是平均主义，薪酬福利应当体现奖惩，多劳多得，让员工不管同自己所做的贡献相比还是同他人相比，都感觉到奖酬是公平的，这样才能更好地激励员工心甘情愿地付出。人才评价选拔机制的公平也很关键，如果不考虑员工实际的工作业绩和能力，会导致优秀人才被逆淘汰。

功利型内卷的员工不同于裹挟型、耗竭型内卷的员工，他们明确向着公司制定的考核目标前进。然而，数字化考核往往过于重视指标、突出"量"的考核，会出现组织内激励机制的错位。建议公司在制定考核体系时，注重公司目标与个人理想的统一，使员工在达成自己发展目标的同时提高公司的经营业绩，进一步激发员工的主动性。

（3）耗竭型内卷改善路径

结合耗竭型内卷员工的特点，内卷的驱动原因是自我驱动，对待内卷的态度为被动接受，说明耗竭型内卷的员工对自己在职场中的状态不满意，员工在身体所能承受的范围内，最大限度地消耗自己，却仍自我怀疑、自我否定。因此应该给予耗竭型内卷的员工情感激励，对其宽容、爱护，使其自信放松，从而提高其工作成就感和工作绩效。

同时，组织的认同和同事的信任可以使员工产生组织归属感，对工作更加积极热情，如给予员工分享成功经验的机会、对员工进行的小创新给予奖励、评选超越自我奖项等。又如，当员工正在完成或完成某项任务时，给予员工一定的机会使其获得被同事和组织认可和尊重的感受，使员工获得成就感。这样会使员工被他人尊重的需求得到满足，获得成就感，员工自身也会对自己充满信心，认可自身的价值。

（4）裹挟型内卷改善路径

依据上文研究，Z公司研发部门中裹挟型内卷的员工人数比例最大，对激励的感受程度最低，工作满意度也是最低的，是最需要改善但也最难改善的人群类型。裹挟型内卷员工，内卷的驱动原因是外部环境，对待内卷的态度也是被动接受，反映了该类员工对所在行业悟性不高，看不清岗位和行业的优势、不足、机会、威胁，找不到自己未来的发展方向。对于此类员工应当重点进行最基本的物质激励，因为物质激励在企业管理中是最为有效的手段，能够帮助企业向员工释放信号，引导员工正向、有益的行为。这样一次次强化，员工就能够更加清楚自己应该做什么、不该做什么。

物质激励是存续时间最长、最基本的激励方式，也是提高员工工作满意度的重要手段。人最基本的需求是生存，如果不能满足物质这一基本需求，其他需求也是难以实现的。通过设置薪酬福利、绩效考核体系对裹挟型内卷员工的行为进行修正，引导员工认清发展方向，根据企业设置的岗位职级发展，改变自身被裹挟的现状，变被动为主动，提高工作积极性，提高企业绩效。

10.4.2 管理对策及建议

当员工经历内卷时，他们表现出应对回避和自我破坏，导致工作中更多的焦虑和压力。经历压力的员工表现出恢复受损和工作塑造减少，导致个人和工作资源缺乏，随着时间的推移缺乏挑战。这种渐进的压力过程最终会导致持久的倦怠，不利于企业创新和绩效的产出（裴越，2022）。因此，组织可以通过人力资源实践和健康领导的形式提供稳定的资源，减少或防止员工内卷。

（1）调整公司工作时间制度

《华盛顿邮报》报道，2022 年 6 月，英国搞了一场"四天工作制"的试验，61 家英国企业近 3000 名员工参加。之后实验组织方公布了结果：从公司角度来讲，试验期间公司规模平均增长 1.4%，收入较上一年同期增长 35%，离职人数降低 57%，员工请病假的天数降低了 2/3。从员工角度来讲，39% 的员工压力变小，71% 的员工疲倦程度降低，健康状况改善，54% 的员工表示他们能够平衡工作与生活。实验组织者很满意："希望它确实表明，更广泛地推行四天工作制的时机已经到来。"虽然四天工作制对于 Z 公司研发部门来说为时尚早，但至少说明适当缩短工作时长会提高员工工作效率，突破员工"内卷化"发展瓶颈，持续提升企业核心竞争力。

（2）设计多元化的考核制度

为了避免员工间无效竞争的发生，Z 公司研发部门应该引入多元化的考核制度，避免单一考核因素和过度强调量产类的绩效目标。考核因素应该包括员工的工作表现、能力发展和绩效贡献等多个方面，避免员工为了追求高绩效而过度劳累、无效竞争。考核主体也可以由单一领导考核增加考核小组考核、同事打分环节，使考核结果更客观；另外，可以将员工的学习和成长机会与绩效评估结果相结合，将员工的优势定位和潜力发展相结合，使每个员工都能在舞台上找到最合适的位置，发挥完美的作用。

（3）设计合理的任务目标

Z 公司研发部门应当设计适当的任务目标，以确保员工在完成工作任务的同时不会过度劳累和超负荷工作。首先，需要明确每个员工的工作任务和目标，并与员工进行充分的沟通和协商。其次，任务目标应该合理、具体和可衡量，避免设置过于苛刻或不切实际的目标，防止员工为了完成任务而超负荷工作。当面临期限紧、要求高、安全威胁大的工作环境时，以内卷为主的员工缺乏凝聚力和积极情绪，或者急于快速获利或疲于应对，忽视了原有的专业技能和心理素质，最终很可能会导致员工的人身安全和健康受到损害。当一个组织忽视员工身心状态的复杂性和连续性时，内卷表现为意志中压倒性的焦虑和精神疲劳，而不是在激烈的竞争中持续的兴奋和活力。因此，公司研发部门需要根据员工的能力和工作量，合理地分配任务，并设定适当的协作机制，如建立多人协作的团队工作模式，避免单一员工承担过多工作压力。

（4）关注员工心理健康

Z 公司应当适当制定政策，以引导员工的工作价值观。公司应在管理工作中树立正确、积极的价值观，引导员工的工作价值观朝着积极、健康的方向转变，改变员工的工作态度，推动员工的幸福感和绩效提升（童宇等，2017）。公司的长远发展，员工是关键性因素，因此关注员工身心健康、给予员工归属感至关重要。《美世职场健康需求报告》发现，57%的员工会因为雇主提供的心理健康支持不太可能离开公司。高度重视员工心理健康，重视倦怠、抑郁、焦虑等心理健康问题，有针对性地为员工提供心理健康支持服务、提供心理健康咨询服务、提供缓解压力的资源。

另外，应提倡员工利用正念应对内卷。工作内卷状态下，员工面临无休止的重复工作要求，很容易自我消耗、注意力不集中，正念可以帮助员工静下来思考一下，如何提升自己的工作效率；可以改善员工情绪，缓解压力和焦虑，在一定程度上避免职业倦怠（张静等，2021）。

10.5　本章小结

本章首先根据员工激励模型对不同分类工作内卷提出改善路径，具体为享受型员工通过发展激励改善、功利型员工通过公平激励改善、耗竭型员工通过情感激励改善、裹挟型员工通过物质激励改善。其次，针对 Z 公司研发部门员工工作内卷的现实表现提出具体管理对策和建议，相信通过管理改善路径和管理建议可以提高员工的工作积极性和工作质量，减轻工作压力，降低工作内卷的风险，为公司的长期发展奠定更加稳固的基础。

第11章 结论与讨论

11.1 研究结论

本书基于当前对非理性内部竞争的认识，分六部分探索员工数字经济背景下非理性内部竞争行为的影响因素。研究对象主要是围绕非理性内部竞争中的内卷行为展开的，构建了工作内卷的结构维度并开发了内卷量表，进一步探究了内卷与职业冲击事件、企业文化认同、工作能力、工作时长、幸福感等的关系，并基于激励模型提出了不同类型工作内卷的改善路径，为缓解非理性内部竞争行为提供理论借鉴。

第一部分主要利用扎根理论构建工作内卷理论模型探究工作内卷的结构维度，将工作内卷划分为内卷行为、内卷认知和内卷情绪三个维度，并以此为基础进一步对工作内卷量表进行开发与验证。根据对近几年内卷的文献梳理可知，有关内卷测量工具的研究较少，大部分侧重于内卷的理论概述层面，相关实证研究较少，缺乏有力的测量工具来展开对内卷的后续研究。本部分结合当前内卷的研究现状设计并开展结构化访谈，通过对14名企业管理人员和25名企业员工深度访谈，梳理其访谈结果并进行数据处理，得到工作内卷的三维度模型，以此为基础最终编制含6道内卷行为题项、6道内卷情绪题项和4道内卷认知题项总计16道题项的工作内卷量表。该量表信效度和模型拟合度均较高，符合中国背景的工作内卷测量要求，为后续内卷的实证研究提供了有力的测量工具。

第二部分在基于第一部分研究的基础上探索和验证了数字经济背景下职业冲

击事件对员工工作内卷的影响机制。本部分基于情感事件理论和情绪 ABC 理论，构建职业冲击事件—工作不安全感—工作内卷与职业冲击事件—强迫型工作激情—工作内卷双中介作用模型，并引入员工心理韧性和工作投入作为该路径的调节变量。研究结果表明：首先，数字经济背景下的职业冲击事件会正向影响员工工作内卷，即职业冲击事件会加强员工工作内卷。其次，数字经济背景下，职业冲击事件会通过增强员工不安全感和强迫型工作激情来进一步对员工工作内卷产生正向影响，即工作不安全感和强迫型工作激情共同中介了数字经济背景下的职业冲击事件对员工工作内卷的作用过程。最后，工作投入能够缓冲这类职业冲击事件对工作内卷的影响，具体表现为工作投入在强迫型工作激情中介作用的第二阶段发挥负向调节作用，即工作投入较高时，职业冲击事件通过强迫型工作激情影响员工工作内卷的中介效应较弱；相反，当工作投入程度较低时，职业冲击事件通过强迫型工作激情影响员工工作内卷的中介效应较强。此外，本部分对于员工心理韧性的调节作用没有得到证实，具体原因可能是还存在其他潜在变量的影响使心理韧性的调节效果不显著。

第三部分同样是基于前面开发的工作内卷量表，进一步研究企业员工工作内卷的影响因素。在该部分中，我们主要研究工作动机、企业文化认同、员工工作能力与内卷的关系，得到以下结论：首先，员工工作动机与工作内卷呈显著正相关关系。员工的工作动机，如对晋升、薪酬、职业发展等方面的追求，可能会促使他们更加努力工作，以期在竞争中脱颖而出。这种动机可能会加剧职场内卷现象，因为员工可能会通过加班、承担更多任务等方式来提升自己的表现，不断加大工作投入。但他们这种额外投入并没有带来相应的产出增长，反而导致了工作压力的增加和工作环境的恶化，更容易滋生内卷。其次，员工企业文化认同与职场内卷呈显著正相关关系。当员工高度认同企业文化时，他们可能会更加投入工作，以体现对企业的忠诚和承诺。这种认同感可能会促使员工在工作中更加努力，以期在企业内部获得认可和提升。再次，员工工作能力与职场内卷呈显著正相关关系。工作能力强的员工可能会在职场中获得更多的机会和资源，这可能会促使他们更加努力工作，以保持自己的竞争优势。同时，工作能力强的员工可能更愿意接受挑战和承担更多的责任，这都可能会导致职场内卷现象的加剧。最后，员工企业文化认同在工龄与企业类型上的差异显著。员工对企业文化认同感的高低可能受到工龄和企业类型的影响。研究结果发现，工龄大的员工，企业文化认同相对工龄小的员工更高一些，同时在外企或三资企业的员工对于企业文化的认同会更高一些，而国有企业员工相对而言低一些。工龄大的员工由于长期在企业中工作，对企业文化有更深的理解和认同；而不同企业类型（如外企、三资企业、国有企业等）的企业文化特点不同，员工对企业文化的认同感也会因此而有所差异。

第四部分主要探讨内卷与工作时长的关系，通过问卷研究的方式调查165位互联网行业的员工在工作时长和内卷相关方面的内容，并进一步对其进行样本分析、信效度分析、相关性分析、差异性分析、单因素方差分析等。得到以下结论：首先，在互联网行业，员工普遍存在超时工作的现象。根据本部分统计数据可知，在被调查的劳动者中，只有21.8%的劳动者平均每日工作时长在8小时以内，有78.2%的劳动者工作时间超过了8小时。其次，在互联网行业，员工工作内卷现象较为明显。通过对内卷的认知、行为、情绪三个维度上的调查数据进行分析，均表明目前内卷现象较为突出。再次，在互联网行业，员工的性别对员工的工作时长和工作内卷影响均不显著。最后，在互联网行业，员工的工作时长和工作内卷呈高度相关性，且员工的工作时长越长，内卷程度越严重。根据相关性分析，员工的工作时长和工作内卷的相关性系数为0.899，呈高度相关，显著性均为0.00，不超过标准值0.05，即工作时长对内卷有显著影响。从结果来看，员工的工作时长越长，员工工作内卷的程度均值越大，即员工的工作时长越长，其内卷行为越严重。

第五部分主要是探讨企业转型背景下员工非理性内部竞争行为对幸福感的影响。通过对调研数据进行分析，本次研究发现不同年龄段、不同工作年限、不同的部门类型以及不同企业规模在内卷和幸福感方面是存在显著差异的。其中，年龄在25～30岁，工作年限在3～5年、人力资源部门、企业规模在501～1000人的员工内卷问题较为突出。这个年龄段的人们往往刚刚迈入职场不久或者处于职业发展期，在企业转型背景下，会产生焦虑以及压力，引发内卷现象。此外，通过本次研究得出幸福感与内卷是存在弱相关性的。内卷对幸福感有一定的影响，但内卷并不一定会让员工幸福感降低。

第六部分主要是基于企业的实证分析来探讨内卷的改善路径。本部分以某公司研发部门工作内卷问题为切入点，基于员工激励模型，研究了四种不同类型的内卷在组织激励和工作满意度上存在的差异，并进一步揭示了内卷与激励和工作满意度存在负相关关系。基于此，本部分提出了针对四种工作内卷分类的改善路径和针对工作内卷现实表现提出的管理对策建议，旨在减轻员工工作内卷程度，提高员工工作满意度和绩效表现。具体改善路径为享受型内卷的员工通过发展激励改善，功利型内卷的员工通过公平激励改善，耗竭型内卷的员工通过情感激励改善，裹挟型内卷的员工通过物质激励改善。总体来说，本部分在探讨员工工作内卷问题的基础上，提出了一系列针对性强、可操作性强的改善路径和管理对策建议，对于公司研发部门工作内卷问题的缓解和员工绩效的提升具有一定的借鉴意义和实践价值。

11.2 管 理 启 示

本书基于对数字经济背景下的职业冲击事件、工作不安全感、强迫型工作激情以及工作投入和员工心理韧性的分析结果提出以下管理启示：

第一，当前处在数字经济快速发展时期，面对各类新型技术的冲击以及数字经济所带来的替代效应，员工在工作中会不断遭遇各类职业冲击事件，有些事件会对员工职业发展产生一定负面影响，管理者必须要重视这类事件并加以引导该类事件对员工的影响。研究结论显示，职业冲击事件会显著影响员工的情感反应和行为结果，尤其是消极的职业冲击事件会显著影响员工的心理健康与工作行为，极易使员工产生消极情绪，增加员工的工作不安全感和强迫型工作激情，进而促使员工走向工作内卷。长此以往，这种持续的负面影响有可能会对员工的工作绩效以及职业发展带来严重损害，而各类事件的集聚、积累和整合，不仅会对员工个体产生影响，而且对整个组织极有可能产生巨大影响，不利于组织整体的科学管理和健康发展。因此，随着组织数字化技术变革的不断深化以及内外环境的动态变化，组织和管理者要重视各类会对员工产生影响的冲击事件，特别是带来消极冲击的事件，管理者要着重做好预测监测机制，避免这类事件的发生或是采取有效干预措施将负面影响降到最低，帮助员工个体正确识别应对这类工作事件，缓解不利影响（魏巍等，2022）。

第二，员工个人应正确对待数字经济下的职业冲击事件，树立合理认知，学会进行自我管理来应对各类事件的发生。根据研究结论，消极的职业冲击事件既会造成员工的工作不安全感，引发工作内卷，又可以通过强迫型工作激情引发工作内卷。因而，首先，员工要认识到职业生涯发展的曲折性，任何事物的发展不会一帆风顺，而是具有一定的曲折性和前进性，遭遇职业冲击事件是正常的也是普遍的，重要的是以何种心态去应对这些事件。尤其是在面对数字技术对工作的冲击，员工必须要调整好自己的心态，学会自我管理，提高个人的心理承受能力以及乐观态度，以积极的心态去迎接挑战，对职业发展保持一定的合理预期，即使遭遇负面的职业冲击事件也要及时调整自己的工作心态，通过各种方法及时纾解自己的消极情绪，以积极向上的态度来应对各类事件。其次，职业冲击事件发生后，员工要自我管理好情感反应。面对消极的职业冲击事件时，产生负面情绪不可避免，但要及时跳出这种情绪旋涡，理智地分析该事件对自己可能产生的消极影响，通过及时调整工作投入等减少由此引发的焦虑和压力，从心理上削弱事件带来的负面影响。最后，员工在经历冲击事件后要学会总结与反思，积累经验，及时发现潜在的问题和瓶颈，从而寻找改进方法，在下一次可能发生的冲击事件之前做好准备，为实现个人职业发展目标奠定基础。

第三，管理者要重视员工内卷问题。研究表明，员工在经历职业冲击事件时会引发员工的内卷行为。工作内卷不仅不会带来真正的绩效提升，反而会形成形式主义和没有意义的精益求精，导致非理性竞争，使员工无法沉浸于当前的工作，严重影响日常工作进程。因此，管理者要采取一定措施来改变员工对各类事件的态度和认知，引导员工远离内卷。首先，管理者可以针对员工进行个性化教育培训，真正提升员工能力素质，认清自己的职业发展方向，减少员工的工作不安全感，变被动为主动，提高员工工作满意度和工作绩效。其次，要提高员工激励，依据员工的实际需求建立合理的薪酬制度，并根据实际工作绩效来匹配员工薪酬待遇，确保薪酬有足够的竞争力，减少员工工作的不安全感；晋升方面，为员工设置看得见的上升通道，为员工提供清晰的职业发展路径，保证员工晋升公正，实现程序公平；在制定考核体系时，要追求合理性、公正性和科学性，注重公司目标与个人理想的统一，在员工达成自己发展目标的同时提高公司的经营业绩目标，提升员工的主动性，减少员工的强迫型工作激情。除此之外要营造自由而良性的竞争环境。组织发展需要竞争，但绝不是无意义的非理性竞争，管理者要建立公平公正的评价机制，鼓励和推动良好的道德环境和道德生活，增加员工的自主意识和能力，让员工能够正确应对冲击事件，远离工作内卷。

第四，员工个人要加强自我提升，抓住数字经济发展过程中的机遇，正确应对挑战，在数字化时代实现个人的"转型升级"。要发展就要有提升，随着数字经济规模的不断扩大，对企业员工的知识和技能都提出了更高的要求，员工个体面临的冲击事件也逐渐增多，机遇和挑战也随之出现。员工必须与时俱进提高个人职业能力，保持开放的心态坚持学习，掌握数字化技能，将外部条件转变为自身优势，提升个人核心竞争力。面对蓬勃发展的数字化，员工要学会变被动为主动，掌握职业发展的主动权，积极参与数字经济，提升个人对新就业形态的适应能力，抓住机遇，远离内卷，真正实现个人的"数字化转型"。除此之外，员工还必须理性对待出现的各种挑战，不断增强创新思维能力，学会跳出传统思维框架，勇于尝试新方法、新理念，提高心理素质和抗压能力，将挑战变为机遇，将负面影响降到最低，减少内卷等消极工作行为的出现。

第五，企业需要建立健康的企业文化和提供多元化的职业发展路径。首先，企业应根植于人本主义的核心理念，积极塑造一种旨在实现工作与生活和谐共融的企业文化。在此框架下，企业不仅应激励员工追求卓越的工作业绩，更应引导其关注个人的身心健康与家庭生活的和谐。为实现这一目标，企业应致力于改善和优化工作环境，为员工提供充足的工作支持和必要资源，从而有效缓解不必要的工作压力和潜在的内卷化现象。其次，通过精心策划和组织多样化的文化活动、娱乐活动以及团队建设活动，企业可以营造一个轻松愉悦的工作氛围，有效减轻员工因过度竞争而产生的紧张感与压力。最后，企业亦应高度重视新员工及工龄较短的员工群体对于企业文化的感知与反馈，确保企业文化能够深入人心，并为员工所广泛接受。在职业发展方面，企业应推行多元化的职业发展路径规划。摒弃单一的晋升标准和成功模式，针对不同能力类型与水平的员工群体，设计丰富的晋升路线与个性化的职业发展规划。通过精准把握员工的个人兴趣和能力特点，制定差异化的发展方案与政策，以减少因职业发展路径狭窄而引发的过度竞争与内卷化现象，促进员工的全面发展和企业的持续进步。

11.3 研究不足与展望

首先，本书受研究条件和样本数量的限制，可能限制了研究结果的普遍性，因为样本可能不能完全覆盖不同地区的不同情景，因此缺乏多样性。未来的研究应努力从更广泛的地点收集更多数据，以确保研究结果的稳健性和代表性。其次，本书以职业冲击事件为自变量展开对事件的结果变量研究，对事件的测量主要基于现有的量表，对于事件类型的涵盖度可能不是非常广，并且不能评估事件发生的时间以及空间带来的影响。基于事件系统理论，事件的时间属性和空间属性是研究事件影响的重要方面，因此未来的研究可以针对冲击事件的发生时间和空间来系统地研究数字经济背景下职业冲击事件带来的影响。另外，Morgeson 等（2015）呼吁事件研究可以采用更综合全面的理论范式，后续对数字经济背景下职业冲击事件的研究也可以考虑事件的关键性、颠覆性和新颖性。再次，关于工作内卷的研究，鉴于工作内卷是一种连续发展的现象，而目前我们的数据收集只捕捉了员工某一个特定的时间阶段中的内卷程度，可能不能准确地反映员工职业生涯的整体内卷发展轨迹。为了解决这个问题，未来的研究可以对样本人群进行纵向跟踪。这种办法将有助于对不同阶段职业生涯的内卷过程进行全面审查，并针对每个阶段采取更精确的干预措施，有助于更根本地解决与内卷有关的问题。最后，在不同的行业中，员工会有不同的特点，不同行业也可能会存在不同类型的职业冲击事件（祝倩等，2010），进而产生不同的影响结果，未来的研究可以更加细化研究对象，选取特定的行业类型展开研究，根据不同研究对象展开职业冲击事件相关研究。

除此之外，一方面，在研究企业文化认同、工作能力与非理性内部竞争行为之间的关系时，它们之间可能存在更为复杂的影响机制，未来的研究人员可以在有关非理性内部竞争行为的研究中加入更多的调节和中介变量。另一方面，研究中最主要的数据样本量较少，本书的调查数据涵盖范围不够广泛，样本的广泛性、代表性不足，结论的普遍性和适用性还需要在更多的实践中进一步验证，且对企业的建议也需要实时更新。因为企业是需要发展的，所有制度不可能一成不变，只有不断更新迭代，企业才能得以更长远地发展。

参考文献

［1］Akkermans J，Kubasch S. Trending Topics in Careers：A Review and Future Research Agenda［J］. Career Development International，2017，22（6）：586-627.

［2］Akkermans J，Seibert S E，Mol S T. Tales of the Unexpected：Integrating Career Shocks in the Contemporary Careers Literature［J］. SA Journal of Industrial Psychology，2018（1）：1503.

［3］Ali Z，Ghani U，Islam Z U，et al. Measuring Career Shocks：A Study of Scale Development and Validation in the Chinese Context［J］. Australian Journal of Career Development，2020，29（3）：164-172.

［4］Amabile T M，Hill K G，Hennessey B A，et al. The Work Preference Inventory：Assessing Intrinsic and Extrinsic Motivational Orientations［J］. Journal of Personality and Social Psychology，1994，66（5）：950.

［5］Amarnani R K，Lajom J A L，Restubog S L D，et al. Consumed by Obsession：Career Adaptability Resources and the Performance Consequences of Obsessive Passion and Harmonious Passion for Work［J］. Human Relations，2020，73（6）：811-836.

［6］Appelbaum E，Bailey T，Berg P，Kalleberg A L. Manufacturing Advantage：Why High Performance Work Systems Pay Off［M］. New York：Cornell University Press，2000.

［7］Astakhova M N，Porter G. Understanding the Work Passion-performance Relationship：The Mediating Role of Organizational Identification and Moderating Role of Fit at Work［J］. Human Relations，2015，68（8）：1315-1346.

［8］Blokker R，Akkermans J，Tims M，et al. Building A Sustainable Start：The

Role of Career Competencies, Career Success, and Career Shocks in Young Professionals' Employability [J]. Journal of Vocational Behavior, 2019 (112): 172-184.

[9] Burton J P, Holtom B C, Sablynski C J, et al. The Buffering Effects of Job Embeddedness on Negative Shocks [J]. Journal of Vocational Behavior, 2010, 76 (1): 42-51.

[10] Caplan R D, Vinokur A D, Price R H, et al. Job Seeking, Reemployment, and Mental Health: A Randomized Field Experiment in Coping with Job loss [J]. Journal of Applied Psychology, 1989, 74 (5): 759-769.

[11] Deci E L, Ryan R M. Handbook of Self-determination Research [M]. New York: The University of Rochester Press, 2002.

[12] Deci E L, Ryan R M. The "What" and "why" of Goal Pursuits: Human Needs and the Self-determination of Behavior [J]. Psychological Inquiry, 2000 (11): 227-268.

[13] Diener E, Suh E M, Lucas R E, et al. Subjective well-being: three decades ofprogress [J]. Psychological Bulletin, 1999, 125 (2): 276-302.

[14] Dou G Q, Li G X, Yuan Y Y, Liu B, Yang L F. 2022. Structural Dimension Exploration and Measurement Scale Development of Employee Involution in China's Workplace Field [J]. International Journal of Environmental Research and Public Health, 2022, 19 (21): 14454.

[15] Feng J, Zhou W, Li S, et al. Obstacles Open the Door: Negative Shocks can Motivate Individuals to Focus on Opportunities [J]. Frontiers of Business Research in China, 2019, 13 (1): 21.

[16] Forest J, Mageau G A, Sarrazin C, et al. "Work is My Passion": The Different Affective, Behavioural, and Cognitive Consequences of Harmonious and Obsessive Passion toward Work [J]. Canadian Journal of Administrative Sciences / Revue Canadienne des Sciences de l' Administration, 2011, 28 (1): 27-40.

[17] Frijda N H. Moods, Emotion, Episodes, and Emotions [M] //In M. Lewis, & J. M. Haviland (Eds.), Handbook of emotions. New York: Guildford Press, 1993: 381-403.

［18］ Geertz C. Agricultural Involution： The Processes of Ecological Change in Indonesia ［M］. Berkeley： University of California Press，1963.

［19］ Glaser B G. & Struass A L. The Discovery of Grounded Theory： Strategies for Qualitative Research ［M］. New York： Aldine Publishing Company，1967.

［20］ Goldenweiser A. Loose Ends of A Theory on the Individual Pattern and Involution in Primitive Society ［A］//In RH Lowie （Ed.），Essays in Anthropology Presented to A. L. Kroeber ［C］. Berkeley： University of California Press，1936.

［21］ Greenhalgh L，Rosenblatt Z. Job Insecurity： Toward Conceptual Clarity ［J］. The Academy of Management Review，1984，9（3）：438.

［22］ Hirschi A，& Valero D. Chance Event and Career Decidedness： Latent Profiles in Relation to Work Motivation ［J］. The Career Development Quarterly，2017，65（1）：2-15.

［23］ Hirschi A. The Role of Chance Events in the School-to-work Transition： The Influence of Demographic，Personality and Career Development Variables ［J］. Journal of Vocational Behavior，2010，77（1）：39-49.

［24］ Hofer A，Spurk D，Hirschi A. When and Why do Negative Organization-related Career Shocks Impair Career Optimism? A Conditional Indirect Effect Mode ［J］. Career Development International，2019.

［25］ Hofer A，Spurk D，Hirschi A. When and Why do Negative Organization-related Career Shocks Impair Career Optimism? A Conditional Indirect Effect Model ［J］. Career Development International，2021，26（4）：467-494.

［26］ Holtom B C，Burton J P，Crossley C. How Negative Affectivity Moderates the Relationship between Shocks，Embeddedness & Worker Behaviors ［J］. Academy of Management Proceedings，2010（1）：1-6.

［27］ Holtom B C，Mitchell T R，Lee T W，et al. Shocks as Causes of Turnover： What They are and how Organizations can Manage Them ［J］. Human Resource Management，2005，44（3）：337-352.

［28］ Holtom B，Goldberg C B，Allen D G，et al. How Today's Shocks Predict tomorrow's Leaving ［J］. Journal of Business and Psychology，2017，32（1）：59-71.

[29] Hoppock R. Job satisfaction [M]. New York: Harper & Brothers Publishers, 1935.

[30] Houlfort N, Philippe F L, Bourdeau S, et al. A Comprehensive Understanding of the Relationships between Passion for Work and Work-family Conflict and the Consequences for Psychological Distress [J]. International Journal of Stress Management, 2018, 25 (4): 313-329.

[31] Huang G, Zhang Y, Zhang X, et al. Job Insecurity, Commitment and Proactivity towards the Organization and One's Career: Age as a Condition [J]. Human Resource Management Journal, 2021, 31 (2): 532-552.

[32] Hussain T, Deery S. Why do Self-initiated Expatriates Quit Their Jobs: The Role of Job Embeddedness and Shocks in Explaining Turnover Intentions [J]. International Business Review, 2018, 27 (1): 281-288.

[33] Högnäs R S, Bijlsma M J, Högnäs U, et al. It's Giving Me the Blues: A Fixed-effects and G-formula Approach to Understanding Job Insecurity, Sleep Disturbances, and Major Depression [J]. Social Science & Medicine, 2022, 297 (1): 27-48.

[34] Ito J K, Brotheridge C M. Exploring the Predictors and Consequences of Job Insecurity's Components [J]. Journal of Managerial Psychology, 2007, 22 (1): 40-64.

[35] Jiang L, Probst T M. The Moderating Effect of Trust in Management on Consequences of Job Insecurity [J]. Economic and Industrial Democracy, 2019, 40 (2): 409-433.

[36] Kahn W A. Psychological Conditions of Personal Engagement and Disengagement at Work [J]. Academy of Management Journal, 1990, 33 (4): 692-724.

[37] Kamdron T. Work Motivation and Job Satisfaction: Theories and Research Experience from Estonia [M]. Saarbrücken: LAP Lambert Academic Publishing, 2009.

[38] Kinnunen U, Kikangas A, Mauno S, Cuyper N, Witte H. Development of Perceived Job Insecurity across Two Years: Associations with Antecedent and Employee

Outcomes [J]. Journal of Occupational Health Psychology, 2014, 19 (2): 243.

[39] Koeber C, Appelbaum E, Bailey T, Berg P, Kalleberg A L. Manufacturing Advantage: Why High-Performance Work Systems Pay Off [J]. Contemporary Sociology, 2001, 30 (3): 250.

[40] Kraimer M L, Greco L, Seibert S E, et al. An Investigation of Academic Career Success: The New Tempo of Academic Life [J]. Academy of Management Learning & Education, 2019, 18 (2): 128-152.

[41] König C J, Probst T M, Staffen S, et al. A Swiss-US Comparison of the Correlates of Job Insecurity: Swiss-US Comparison of Job Insecurity [J]. Applied Psychology, 2011, 60 (1): 141-159.

[42] Lee T H, Gerhart B, Weller I, et al. Understanding Voluntary Turnover: Path-specific Job Satisfaction Effects and the Importance of Unsolicited Job Offers [J]. Academy of Management Journal, 2008, 51 (4): 651-671.

[43] Lee T W, Mitchell T R, Holtom B C, et al. The Unfolding Model of Voluntary Turnover: A Replication and Extension [J]. Academy of Management Journal, 1999, 42 (4): 450-462.

[44] Lee T W, Mitchell T R. An Alternative Approach: The Unfolding Model of Voluntary Employee Turnover [J]. The Academy of Management Review, 1994, 19 (1): 51.

[45] Llanos-Contreras O, Jabri M, Sharma P. Temporality and the Role of Shocks in Explaining Changes in Socioemotional Wealth and Entrepreneurial Orientation of Small and Medium Family Enterprises [J]. International Entrepreneurship and Management Journal, 2019, 15 (4): 1269-1289.

[46] Locke E A. The Nature and Causes of job satisfaction. In M. D. Dunnette (Ed.) [J]. Handbook of Industrial and Organizational Psychology, 1976, 1297-1343.

[47] Lurweg M. Perceived Job Insecurity, Unemployment Risk and International Trade-A Micro-level Analysis of Employees in German Service Industries [J]. Working Papers, 2022, 48 (4): 293-301.

［48］Maertz, C P, Kmitta K R. Integrating Turnover Reasons and Shocks with Turnover Decision Processes ［J］. Journal of Vocational Behavior, 2012, 81（1）: 26-38.

［49］Mansur J, Felix B. On Lemons and Lemonade: The Effect of Positive and Negative Career Shocks on Thriving ［J］. Career Development International, 2021, 26（4）: 495-513.

［50］Masten A S. Ordinary Magic: Resilence Processes in Development ［J］. American Psychologist, 2001（56）: 227-238.

［51］Modestino A S, Sugiyama K, Ladge J. Careers in Construction: An Examination of the Career Narratives of Young Professionals and Their Emerging Career Self-concepts ［J］. Journal of Vocational Behavior, 2019（115）: 103-306.

［52］Morgeson F P, Mitchell T R, Liu D. Event System Theory: An Event-oriented Approach to the Organizational Sciences ［J］. Academy of Management Review, 2015, 40（4）: 515-537.

［53］Schaufeli W B, Salanova M, González-romá V, et al. The Measurement of Engagement and Burnout: A Two Sample Confirmatory Factor Analytic Approach ［J］. Journal of Happiness Studies, 2002, 3（1）: 71-92.

［54］Seibert S E, Kraimer M L, Holtom B C, et al. Even the Best Laid Plans Sometimes Go Askew: Career Self-management Processes, Career Shocks, and the Decision to Pursue Graduate Education ［J］. Journal of Applied Psychology, 2013, 98（1）: 169-182.

［55］Sender A, Arnold A, Staffelbach B. Job Security as a Threatened Resource: Reactions to Job Insecurity in Culturally Distinct Regions ［J］. The International Journal of Human Resource Management, 2017, 28（17）: 2403-2429.

［56］Sheridan J E. Organizational Culture and Employee Retention ［J］. Academy of Management Journal, 1992, 35（5）: 1036-1056.

［57］Slay H S, Taylor M S, Williamson I O. Midlife Transition Decision Processes and Career Success: The Role of Identity, Networks, and Shocks: Academy of Human Resource Development Annual Conference, Columbus, Ohio ［C］. 2006.

［58］ Strauss A, Corbin J M. Basic of Qualitative Research：Grounded Theory, Procedures, and Techniques ［M］. Thousand Oaks：Sage Publications, 1990.

［59］ Tharenou P, Caulfield N. Will I Stay or Will I Go? Explaining Repatriation by Self-initiated Expatriates ［J］. Academy of Management Journal, 2010, 53 （5）：1009-1028.

［60］ Vallerand R J, Paquet Y, Philippe F L, et al. On the Role of Passion for Work in Burnout：A Process Model ［J］. Journal of Personality, 2010, 78 （1）：289-312.

［61］ Weiss H M, Cropanzano R. Affective Events Theory：A Theoretical Discussion of the Structure, Causes and Consequences of Affective Experiences at Work ［J］. Res Organ Behav, 1996, 18 （3）：1-74.

［62］ Werner E, Smith R. Vulnerable But Invincible：A Longitudinal Study of Resilient Children and Youth ［M］. New York：Adams, Bannister and Cox, 1982.

［63］ Yi D, Wu J, Zhang M, et al. Does Involution Cause Anxiety? An Empirical Study from Chinese Universities ［J］. International Journal of Environmental Research and Public Health, 2022, 19 （16）：9826.

［64］ Yoon S L, Kim J. Job-related Stress, Emotional Labor, and Depressive Symptoms among Korean Nurses ［J］. Journal of Nursing Scholarship, 2013, 45 （2）：169-176.

［65］ Zheng X M, Zhu W C, Zhao H X, et al. Employee Well-being in Organizations：Theoretical Model, Scale Development, and Cross-cultural Validation ［J］. Journal of Organizational Behavior, 2015, 36 （5）：621-644.

［66］ 陈龙, 经羽伦. 数字资本主义与网络平台内容生产的内卷化 ［J］. 山西大学学报 （哲学社会科学版）, 2022, 45 （2）：60-67.

［67］ 陈向明. 从一个到全体——质的研究结果的推论问题 ［J］. 教育研究与实验, 2000 （2）：1-8+72.

［68］ 陈致中. 报社员工组织文化认同度及其影响之研究：以台湾《联合报系》为例 ［J］. 国际新闻界, 2010 （5）：84-87.

[69] 崔莹莹. 工作投入、工作绩效与团队良性人际传导机制构建 [J]. 领导科学, 2018（23）：38-40.

[70] 丁越兰, 骆娜. 组织文化认同内在层次与情绪工作的关联性分析 [J]. 上海管理科学, 2012, 34（4）：38-42.

[71] 杜赞奇. 文化权力与国家：1900—1942 年的华北农村 [M]. 南京：江苏人民出版社, 2003.

[72] 樊耘, 阎亮, 张克勤. 组织文化、人力资源管理实践与组织承诺 [J]. 科学学与科学技术管理, 2012, 33（9）：171-180.

[73] 冯晋, 蒋新玲, 周文霞. 职业冲击事件：概念、测量、前因与后效 [J]. 中国人力资源开发, 2021, 38（5）：6-24.

[74] 佛洛依德·K. 沟通的力量 [M]. 北京：机械工业出版社, 2011.

[75] 付茜茜. 从"内卷"到"躺平"：现代性焦虑与青年亚文化审思 [J]. 青年探索, 2022（2）：80-90.

[76] 耿希峰, 翟玥乔, 马丽枝, 等. 自我决定理论动机观视角下的高校教师工作动机管理 [J]. 佳木斯大学社会科学学报, 2024, 42（1）：142-145.

[77] 管陈敏. 工作满意度量表研究分析文件综述 [J]. 中国集体经济, 2017（15）：34-35.

[78] 韩芳. 硕士研究生心理韧性、就业压力与主观幸福感的关系研究 [D]. 山西师范大学硕士学位论文, 2017.

[79] 韩艺宁. 情绪 ABC 理论视角下小组工作介入学龄儿童情绪管理能力提升的实务研究 [D]. 中南民族大学硕士学位论文, 2023.

[80] 贺红茹. 内循环视角下服务行业"内卷化"的创新溢出效应——以景区旅游业和酒店餐饮业为例 [J]. 商业经济研究, 2023（11）：163-166.

[81] 黄宗智. 长江三角洲的小农家庭与乡村发展 [M]. 北京：中华书局, 1992.

[82] 姜大源. 职业教育的动机形成论 [J]. 中国职业技术教育. 2007, 13（269）：1-18.

[83] 姜凤珍, 王迪. 内卷环境下员工工作激情演化机制研究——基于网络博弈理论 [J]. 管理现代化, 2022, 42（6）：93-98.

［84］蒋智华．高校辅导员工作内卷化：现实表征、形成机理与破解策略［J］．高教论坛，2022（4）：24-26.

［85］康德．判断力批判［M］．邓晓芒，译．北京：人民出版社，2002.

［86］李昂．新冠疫情背景下消极职业冲击事件的影响及应对策略研究［D］．华中师范大学硕士学位论文，2023.

［87］李锐，凌文辁．工作投入研究的现状［J］．心理科学进展，2007（2）：366-372.

［88］李思莹．物质激励、精神激励和情感激励的比较［J］．中国集体经济，2017（13）：87-88.

［89］李仙乐．领导情绪智力、团队情绪氛围与员工幸福感关系研究［J］．现代商贸工业，2022，43（19）：121-123.

［90］林琳，时勘，萧爱铃．工作投入研究现状与展望［J］．管理评论，2008（3）：8-15+63.

［91］令小雄，王亚妮．"内卷"、"佛系"、"躺平"：概念演进、边界层序及矫治策略——基于文化哲学视域的诠解［J］．新疆师范大学学报（哲学社会科学版），2023，44（5）：130-148.

［92］刘鸣杰，王晓娇．组织内卷化维度探析［J］．企业改革与管理，2022（13）：27-28.

［93］罗杰，周瑗，陈维，等．教师职业认同与情感承诺的关系：工作满意度的中介作用［J］．心理发展与教育，2014，30（3）：322-328.

［94］马来记，周彤，金泰，等．工作能力指数表中文版的信度和效度［J］．劳动医学，2000，17（2）：70-72.

［95］聂婷，苏秋丽．信息产业员工心理授权与工作退缩行为的实证研究：心理韧性的中介效应检验［J］．南京邮电大学学报（社会科学版），2017，19（1）：44-54+64.

［96］潘文浩，赵守盈，黄明明，等．新入职幼儿教师心理弹性潜类别及其与职业适应的关系［J］．中国心理卫生杂志，2021，35（3）：213-219.

［97］裴越．论"内卷"与"躺平"的生存焦虑［J］．鲁东大学学报（哲学社会科学版），2022，39（1）：65-70.

［98］祁世海. 企业人力资源管理绩效考核存在的问题及对策［J］. 商场现代化，2023，986（5）：114-116.

［99］秦亚芹. 领导工作内卷化的表现、危害及突破思路［J］. 领导科学，2019（20）：73-75.

［100］沈国兵，徐源晗，袁征宇. 新冠疫情全球蔓延对我国就业的影响及机制分析［J］. 经济问题探索，2021（12）：1-12.

［101］司小飞，李麦收. 数字经济、就业结构与就业质量——基于中国省域数据的实证分析［J］. 西北人口，2022，43（4）：54-69.

［102］宋国学，张广秋. 公共部门员工自我效能、职业生涯复原力对职业生涯满意度的影响——基于职业生涯韧性中介效应的实证检验［J］. 商业研究，2013（9）：117-123.

［103］孙笑然，俞伟哲，王楠楠. 内卷是组织中创新的驱动力吗——职场内卷的再定义及其对多层次创新的作用效应［J］. 领导科学，2023（2）：78-81.

［104］覃鑫渊，代玉启.“内卷”“佛系”到“躺平”——从社会心态变迁看青年奋斗精神培育［J］. 中国青年研究，2022（2）：5-13.

［105］童宇，张瑞，王洁. 组织激励与员工知识共享机制分析［J］. 现代商贸工业，2017（8）：94-96.

［106］王斌. 从内卷到反卷：新时代青年的自我重构与治理对策［J］. 理论导刊，2022（1）：104-109.

［107］王斌. 从内卷到内卷感：情感转向与理论分析——兼论网络消极情感的传播趋势及治理［J］. 北京邮电大学学报（社会科学版），2022，24（1）：33-39+46.

［108］王怀东. 群体语境下“内卷”的话语扩散机制［J］. 青年记者，2022（16）：46-48.

［109］王俊秀.“冷词热传”反映的社会心态及内在逻辑［J］. 人民论坛，2021（15）：96-99.

［110］王璐，高鹏. 扎根理论及其在管理学研究中的应用问题探讨［J］. 外国经济与管理，2010，32（12）：10-18.

［111］王思然．民办高校学生会组织内卷化问题研究——以 R 大学为例［D］．长春工业大学硕士学位论文，2021．

［112］王微，邓郁松，等．新一轮技术革命与中国城市化 2020~2050——影响、前景与战略［J］．管理世界，2022，38（11）：12-28．

［113］魏巍，华斌，彭纪生．团队成员视角下个体地位获得事件对同事行为的影响：基于事件系统理论和社会比较理论［J］．商业经济与管理，2022（1）：46-58．

［114］温玉娟．工作重塑、工作投入对职业成功的影响研究［D］．山东大学硕士学位论文，2020．

［115］吴婷，张正堂．积极心态的员工更认同组织吗——匹配视角下心理韧性对员工组织认同的影响［J］．财贸研究，2017，28（4）：101-109．

［116］向芹．工作不安全感，知识分享意愿对员工创新行为的影响——未来工作自我清晰度的调节效应［D］．厦门大学硕士学位论文，2020．

［117］肖颖映．组织激励、责任感知与公职人员拒腐意愿［D］．浙江财经大学硕士学位论文，2021

［118］谢义忠，吴萍．变革型领导、社会交换关系对员工工作场景中主观幸福感的影响［J］．软科学，2017，31（2）：61-65．

［119］熊钰．网络"躺平"现象与青年奋斗精神培育［J］．中国青年研究，2022（2）：14-21．

［120］徐琴．知识型员工满意度对工作绩效影响的实证分析［J］．统计与决策，2015（5）：117-119．

［121］薛月琦，张荣华．"内卷化"来了！你该如何应对？［J］．现代商业银行，2021（3）：44-47．

［122］杨槐，龚少英，苗天长，等．工作-非工作边界管理一致性与高校辅导员工作满意度的关系：工作投入的中介作用［J］．心理与行为研究，2021，19（6）：853-860．

［123］杨均，马君．内卷特征下员工职业倦怠破解路径［J］．企业管理，2021（9）：112-115．

［124］杨滢莹．组织社会化内卷的结构、测量及影响因素研究［D］．中国矿业大学硕士学位论文，2023．

［125］张静，南秀燕，曹畅．正念应对职场内卷［J］．企业管理，2021（12）：81-83．

［126］张黎莉．员工工作满意度研究综述［J］．企业经济，2005（2）：29-30．

［127］张雪梅，吴炜生．"内卷化"冲击下的新时代青年奋斗精神及其培育理路［J］．中国青年社会科学，2022，41（4）：49-58．

［128］张玉，孙婷，张小琪，等．团队内卷化量表的编制及初步应用［J］．心理技术与应用，2023，11（4）：234-244．

［129］赵彩丽．情感激励在企业管理中的应用［J］．企业改革与管理，2014（16）：15．

［130］赵春霞．公平理论在企业管理中的应用［J］．商场现代化，2008（12）：73．

［131］赵洁．"自我异化"与人的复归："内卷化"的实质、成因和纾解［J］．理论导刊，2021（10）：101-105．

［132］赵洁．基层"内卷"的现实困境、内生动力及破解之道［J］．领导科学，2021（22）：74-77．

［133］郑小静，黄岩，李敏．行业竞争、企业策略和雇员主体性：基于互联网企业雇员加班现象的多案例研究［J］．中国人力资源开发，2021，38（11）：106-124．

［134］钟建安．段锦云．"大五"人格模型及其在工业与企业心理学中的应用［J］．心理科学进展，2004，12（45）：578-583．

［135］周浩，龙立荣．基于自我效能感调节作用的工作不安全感对建言行为的影响研究［J］．管理学报，2013，10（11）：1604-1610．

［136］周耀烈．工作满意度与员工激励［J］．中国管理科学，2008（20）：65-66．

［137］朱朴义，胡蓓．可雇佣性与员工态度行为的关系研究——工作不安全感的中介作用［J］．管理评论，2014，26（11）：129-140．

［138］朱晓萌．工作激情对组织公民行为的影响研究——组织认同与组织支持感的作用［D］．武汉理工大学硕士学位论文，2021．

［139］祝倩，马超，揭水平．冲击事件对员工主动离职的影响［J］．心理科学进展，2010，18（10）：1606-1611．

附　录

附录 A　工作内卷的访谈提纲

基本信息

编号		性别	
年龄		教育背景	
单位性质		岗位名称	
工作年限		所在行业	

访谈题目:

（1）您在工作过程中有没有感到"被内卷"?

（2）您是如何理解"工作内卷"的?

（3）如果感到"被内卷",您认为促使您工作陷入内卷的原因是什么?

（4）您身边内卷的现象有哪些?

（5）以自身为例,您觉得是哪些原因导致了这些工作中的内卷现象?

（6）以自身为例,您觉得工作内卷给您个人生活带来了哪些影响?

（7）您认为内卷是如何影响您工作和生活的?

（8）您是否会主动参与内卷? 为什么?

附录 B 工作内卷的最终量表问卷

第一部分

为提高研究的科学性，请提供您的以下信息：

1. 您的性别是：

A. 男　　　　　　B. 女

2. 您的年龄是：

A. 25 岁以下　　　B. 25~30 岁　　　C. 31~35 岁　　　D. 36~40 岁

E. 41~45 岁　　　F. 45 岁以上

3. 您的学历是：

A. 高中及以下　B. 专科　　　　C. 本科　　　　　D. 硕士　　　　E. 博士

4. 您的工作年限是：

A. 3 年以下　　　B. 3~5 年　　　C. 6~10 年　　　D. 11~15 年

E. 15 年及以上

5. 您当前所在职位是：

A. 普通员工　　　B. 基层管理者　C. 中层管理者　D. 高层管理者

6. 您所在单位的性质是：

A. 民营企业　　　B. 国有企业　　C. 外资企业　　D. 股份制企业

E. 其他

7. 您所在的部门是：

A. 生产相关业务部门　B. 研发相关业务部门　C. 市场营销业务部门

D. 财务部门　　　　　E. 人力资源部门　　　　F. 后勤部门

G. 综合行政部门　　　H. 其他

第二部分　工作内卷最终量表

请根据您的实际工作状态和自己的表现作答，圈出您认为最能代表您看法的数字。数字所代表的含义：1 为完全不符合；2 为不符合；3 为一般；4 为符合；5 为完全符合。

内卷行为	WI9 在单位里，通常别人做什么我就做什么，这样比较轻松	1	2	3	4	5
	WI7 工作首先是要让领导满意，实际效果没那么重要	1	2	3	4	5
	WI10 我会把简单的问题复杂化，让自己看起来很忙碌	1	2	3	4	5
	WI8 即使没什么实际工作，我也要表现得很忙碌	1	2	3	4	5
	WI12 在团队工作中，我经常暗自和同事比较工作时长	1	2	3	4	5
	WI11 如果周围人不下班，那么我也不下班	1	2	3	4	5
内卷情绪	WI18 被迫参与竞争的超负荷压力让我对未来的工作感到迷茫	1	2	3	4	5
	WI13 工作中空耗时间的身心疲累让我感到倦怠	1	2	3	4	5
	WI14 单位内部工作细节方面无休止的过度竞争让我感到焦虑	1	2	3	4	5
	WI15 我会因为没有完成比别人更多的工作量而感到不安	1	2	3	4	5
	WI16 如果身边的人很努力，而自己没有努力的话，会有负罪感	1	2	3	4	5
	WI17 工作中低于预期的收益让我感到挫败	1	2	3	4	5
内卷认知	WI1 工作中我有很强的进取心，事事都要做到优秀	1	2	3	4	5
	WI4 我觉得大家都会的技能，自己也必须掌握	1	2	3	4	5
	WI2 我喜欢创造性工作，不喜欢做重复的事情	1	2	3	4	5
	WI3 我会因为周围人都很拼，所以自己也逼迫自己努力	1	2	3	4	5

附录 C 职业冲击事件相关调查问卷

第一部分

为提高研究的科学性，请提供您的以下信息。

1. 您的性别是：

A. 男   B. 女

2. 您的年龄是：

A. 25 岁以下   B. 25~30 岁   C. 31~35 岁

D. 36~40 岁   E. 41~45 岁   F. 45 岁以上

3. 您的学历是：

A. 高中及以下   B. 专科   C. 本科

D. 硕士   E. 博士

4. 您的工作年限是：

A. 3 年以下   B. 3~5 年   C. 6~10 年

D. 11~15 年   E. 15 年以上

5. 您当前所在职位是：

A. 普通员工   B. 基层管理者   C. 中层管理者   D. 高层管理者

6. 您所在单位的性质是：

A. 民营企业   B. 国有企业   C. 外资企业

D. 股份制企业   E. 其他

7. 您所在的部门是：

A. 生产相关业务部门   B. 研发相关业务部门   C. 市场营销业务部门

D. 财务部门   E. 人力资源部门   F. 后勤部门

G. 综合行政部门   H. 其他

第二部分

请根据您的实际工作状态和自己的表现作答，圈出您认为最能代表您看法的数字。数字所代表的含义：1 为完全不符合；2 为不符合；3 为一般；4 为符合；5 为完全符合。

A1　数字经济背景下消极职业冲击事件

机器人和人工智能的引入，使我工作机会越来越少	1	2	3	4	5
信息技术工具设备的引进，意外地增加了我的工作负担	1	2	3	4	5
业务领域的数字化转型，让我在工作中遭受了负面绩效评价	1	2	3	4	5
人工智能技术设备的引入，替代了我当前的工作岗位	1	2	3	4	5
工作中数字技术的应用，打乱了我现在的工作节奏，使我未获得工作晋升	1	2	3	4	5
公司数字化转型过程中的组织结构变动，使我被迫离职或调职	1	2	3	4	5

A2　工作不安全感

在未来，会存在迫使我丢掉现有工作的危机	1	2	3	4	5
我会为未来失去现有工作而担忧	1	2	3	4	5
我担心在我有离职意愿之前，就会被辞去工作	1	2	3	4	5
我在公司有很好的职业发展机会（R）	1	2	3	4	5
我感觉公司不久之后就会给我提供令人兴奋的工作内容（R）	1	2	3	4	5
我相信公司不久后就会需要我的能力（R）	1	2	3	4	5
在公司里我的薪酬非常有希望继续上涨（R）	1	2	3	4	5

A3　强迫型工作激情

离开我的工作我活着就失去了意义	1	2	3	4	5
我想工作的愿望十分强烈，无法从工作中自拔	1	2	3	4	5
我无法想象我的生活中没有工作会怎么样	1	2	3	4	5
我在情感上依赖我的工作	1	2	3	4	5
我很难控制我想要去工作的想法和要求	1	2	3	4	5
我有一种被工作控制的感觉	1	2	3	4	5
我情绪状态的好坏取决于我是否能去工作	1	2	3	4	5

第三部分

请根据您的实际工作状态和自己的表现作答，圈出您认为最能代表您看法的数字。数字所代表的含义：1 为完全不符合；2 为不符合；3 为一般；4 为符合；5 为完全符合。

B1　心理韧性

在工作中遇到挫折时，我很容易从中恢复过来，并继续前进	1	2	3	4	5
在工作中，我无论如何都会去解决遇到的难题	1	2	3	4	5
如果遇到一定要我单独去做的工作，可以说，我也能独立处理	1	2	3	4	5
我通常能对工作中的压力泰然处之	1	2	3	4	5
因为以前经历过很多磨难，所以我现在能挺过工作上的困难时期	1	2	3	4	5
在我目前的工作中，我感觉自己能同时处理很多事情	1	2	3	4	5

B2　工作投入

在工作中，我感到自己迸发出能量	1	2	3	4	5
工作时，我感到自己强大并且充满活力	1	2	3	4	5
早上一起床，我就想要去工作	1	2	3	4	5
我对工作富有热情	1	2	3	4	5
工作激发了我的灵感	1	2	3	4	5
我为自己所从事的工作感到自豪	1	2	3	4	5
当工作紧张的时候，我会感到快乐	1	2	3	4	5
我沉浸于我的工作当中	1	2	3	4	5
我在工作时会达到忘我的境界	1	2	3	4	5

B3 工作内卷

在单位里，通常别人做什么我就做什么，这样比较轻松	1	2	3	4	5
工作首先是要让领导满意，实际效果没那么重要	1	2	3	4	5
我会把简单的问题复杂化，让自己看起来很忙碌	1	2	3	4	5
即使没什么实际工作，我也要表现得很忙碌	1	2	3	4	5
在团队工作中，我经常暗自和同事比较工作时长	1	2	3	4	5
如果周围人不下班，那么我也不下班	1	2	3	4	5
被迫参与竞争的超负荷压力让我对未来的工作感到迷茫	1	2	3	4	5
工作中空耗时间的身心疲累让我感到倦怠	1	2	3	4	5
单位内部工作细节方面无休止的过度竞争让我感到焦虑	1	2	3	4	5
我会因为没有完成比别人更多的工作量而感到不安	1	2	3	4	5
如果身边的人很努力，而自己没有努力的话，会有负罪感	1	2	3	4	5
工作中低于预期的收益让我感到挫败	1	2	3	4	5
工作中我有很强的进取心，事事都要争当优秀	1	2	3	4	5
我觉得大家都会的技能，自己也必须掌握	1	2	3	4	5
我喜欢创造性工作，不喜欢做重复的事情（R）	1	2	3	4	5
我会因为周围人都很拼，所以自己也逼迫自己努力	1	2	3	4	5

附录 D 企业文化认同、工作能力与内卷调查问卷

第一部分

尊敬的先生/女士：

您好！本问卷是一次针对在职企业员工的学术调查，感谢您在百忙之中的支持和参与！本次调查仅供学术研究之用，答案没有对错之分。本问卷的填写采用不记名方式，您的个人信息和答题情况都将受到严格保密，不会泄露给他人，请您放心作答。

为提高研究的科学性，请提供您的以下信息。

1. 您的性别：

A. 男　　　　　B. 女

2. 您的年龄：

A. 29 岁及以下　B. 30~39 岁　　C. 40~49 岁　　　D. 50 岁及以上

3. 您的工龄：

A. 3 年以下　　　B. 3~10 年　　C. 10 年以上

4. 您的婚姻状况：

A. 已婚　　　　B 未婚

5. 您的受教育程度：

A. 初中　　　　B. 高中、中专　C. 大专　　　　D. 本科及以上

6. 您所在企业类型：

A. 国有企业　　　B. 民营企业　　C. 外企或三资企业

第二部分

请根据您的实际工作状态和自己的表现作答，圈出您认为最能代表您看法的数字。数字所代表的含义：1 为完全不符合；2 为不符合；3 为一般；4 为符合；

5 为完全符合。

我相信企业每件事情都有做事的依据或制度	1	2	3	4	5
我知道企业的发展目标及其内容	1	2	3	4	5
我理解企业的发展目标	1	2	3	4	5
我认同企业所主张的做人做事的规则或理念	1	2	3	4	5
我能清晰地表述出企业的核心价值观和基本行为规范	1	2	3	4	5
企业让我有归属感，有家的感觉	1	2	3	4	5
我喜欢本企业的工作氛围	1	2	3	4	5
我每天上班工作时心情非常愉悦	1	2	3	4	5
在本企业工作，让我感到踏实有希望	1	2	3	4	5
我的穿着与言谈举止，都努力与企业文化要求相一致	1	2	3	4	5
我每天都能够自觉地遵守企业为员工提出的行为规范	1	2	3	4	5
我每次都尽职尽责地做好自己的工作支持企业目标的实现	1	2	3	4	5
当企业遇到困难的时候我愿与公司共渡难关	1	2	3	4	5
当我解决了一个新的、棘手的问题时，我很享受	1	2	3	4	5
我乐于尝试解决复杂的问题	1	2	3	4	5
问题越复杂，我越想去解决它	1	2	3	4	5
我希望我的工作能够增长知识与技能	1	2	3	4	5
好奇心驱使我做很多事情	1	2	3	4	5
我希望知道在工作中到底能表现得有多好	1	2	3	4	5
我倾向于靠自己解决问题	1	2	3	4	5
对我来说最重要的是享受我所做的	1	2	3	4	5
对我来说，有一个展现自我的舞台是很重要的	1	2	3	4	5
我只喜欢从事我能力范围内的工作	1	2	3	4	5
不论一项工作最终的结果如何，只要有所收获，我就满足了	1	2	3	4	5
当我能自己设定目标时，我会感到比较舒服	1	2	3	4	5
在工作期间，我常沉浸其中，以至于忘掉周围人、事、物的存在	1	2	3	4	5
对我来说，做能让我乐在其中的工作是非常重要的	1	2	3	4	5
我比较喜欢不用费脑筋的工作	1	2	3	4	5
我主要是为了获得奖励或晋升才努力工作	1	2	3	4	5
在工作中，我常为自己设定奖励或晋升的目标	1	2	3	4	5
我渴望得到他人的认可	1	2	3	4	5

续表

我希望他人知道我的工作做得多么好	1	2	3	4	5
在工作中，我很少考虑奖酬和晋升	1	2	3	4	5
我非常关注我为自己设定的奖酬和晋升目标	1	2	3	4	5
对我来说，成功就是比别人做得好	1	2	3	4	5
我常常想我应该为自己所做的得到些什么	1	2	3	4	5
只要是做我喜欢的，我不在乎奖酬和晋升	1	2	3	4	5
我认为如果没人知道工作做得再好也没有意义	1	2	3	4	5
我很关注他人对我的点子的反应	1	2	3	4	5
越明晰的工作，我越喜欢	1	2	3	4	5
相比我将要做什么，我更重视我可能获得什么	1	2	3	4	5
别人如何看待我的工作，我并不在乎	1	2	3	4	5
我希望有个人能够为我的工作设定清楚的目标	1	2	3	4	5
工作中我有很强的进取心，事事都要争当优秀	1	2	3	4	5
工作首先是要让领导满意，实际效果没那么重要	1	2	3	4	5
我会把简单的问题复杂化，让自己看起来很忙碌	1	2	3	4	5
即使没什么实际工作，我也要表现得很忙碌	1	2	3	4	5
在团队工作中，我经常暗自和同事比较工作时长	1	2	3	4	5
如果周围人不下班，那么我也不下班	1	2	3	4	5
被迫参与竞争的超负荷压力让我对未来的工作感到迷茫	1	2	3	4	5
工作中空耗时间的身心疲累让我感到倦怠	1	2	3	4	5
单位内部工作细节方面无休止的过度竞争让我感到焦虑	1	2	3	4	5
我会因为没有完成比别人更多的工作量而感到不安	1	2	3	4	5
如果身边的人很努力，而自己没有努力的话，我会有负罪感	1	2	3	4	5
工作中低于预期的收益让我感到挫败	1	2	3	4	5
工作中我有很强的进取心，事事都要争当优秀	1	2	3	4	5
我觉得大家都会的技能，自己也必须掌握	1	2	3	4	5
我喜欢创造性工作，不喜欢做重复的事情（R）	1	2	3	4	5
我会因为周围人都很拼，所以自己也逼迫自己努力	1	2	3	4	5

第三部分

请您根据自身真实情况对自己进行打分，打分标准可以参考每题括号内的说明。

1.（打分题）目前工作能力与一生中最佳工作能力相比（0 为很差，10 为很好）

　　○0　　　○1　　　○2　　　○3　　　○4　　　○5
　　○6　　　○7　　　○8　　　○9　　　○10

2.（打分题）与体力和脑力有关的工作能力（2 为很差，10 为很好）

　　○2　　　○3　　　○4　　　○5　　　○6　　　○7
　　○8　　　○9　　　○10

3.（打分题）现患确诊的疾病数（1 为 5 种以上，7 为没病）

　　○1　　　○2　　　○3　　　○4　　　○5　　　○6
　　○7

4.（打分题）疾病对工作的影响（1 为不能工作，6 为无影响）

　　○1　　　○2　　　○3　　　○4　　　○5　　　○6

5.（打分题）过去 12 个月的因病缺勤（1 为 100 天及以上，3 为 10~24 天，5 为无缺勤）

　　○1　　　○2　　　○3　　　○4　　　○5

6.（打分题）未来两年工作能力预测（1 为不能工作，4 为不敢肯定，7 为肯定）

　　○1　　　○4　　　○7

7.（打分题）工作和生活的心理状态（1 为很差，4 为很好）

　　○1　　　○2　　　○3　　　○4

附录 E 工作内卷和工作时长企业调查问卷

第一部分

内卷认知维度调查，每道题目均采用五级计分，数字所代表的含义：1 为完全不符合；2 为不符合；3 为一般；4 为符合；5 为完全符合。

工作首先是要让领导满意，实际效果没那么重要	1	2	3	4	5
我非常希望领导注意到自己的工作表现或成果	1	2	3	4	5
我经常觉得时间和精力都付出了，但是实际工作效率并没有提升	1	2	3	4	5
我认为自己应该把与朋友交往、爱好或休闲活动上的时间花在工作上	1	2	3	4	5
我觉得很多时候都是在无效加班	1	2	3	4	5
我觉得有很多工作其实只是在消耗时间而没有实际意义	1	2	3	4	5

第二部分

内卷的行为维度分析，共包括 6 个题目，每道题目均采用五级计分，数字所代表的含义：1 为完全不符合；2 为不符合；3 为一般；4 为符合；5 为完全符合。

我会把简单的问题复杂化，让自己看起来很忙碌	1	2	3	4	5
如果周围人不下班，那么我也不下班	1	2	3	4	5
在团队工作中，我经常暗自和同事比较工作时长	1	2	3	4	5
我热衷于营造努力工作的表象，经常做无意义的精益求精	1	2	3	4	5
我和同事间的工作竞争很激烈，甚至超出了正常的竞争水平	1	2	3	4	5
我经常投入大量时间和精力来完成低水平的模仿和复制工作	1	2	3	4	5

第三部分

内卷的情绪维度分析，共包括 6 个题目，每道题目均采用五级计分，数字所代表的含义：1 为完全不符合；2 为不符合；3 为一般；4 为符合；5 为完全符合。

工作中空耗时间的身心疲累让我感到倦怠	1	2	3	4	5
单位内部工作细节方面无休止的过度竞争让我感到焦虑	1	2	3	4	5
我会因为没有完成比别人更多的工作量而感到不安	1	2	3	4	5
如果身边的人很努力，而自己没有努力的话，会有负罪感	1	2	3	4	5
工作中低于预期的收益让我感到挫败	1	2	3	4	5
被迫参与竞争的超负荷压力让我对未来的工作感到迷茫	1	2	3	4	5

附录 F　工作内卷与幸福感企业调查问卷

第一部分

本部分为问卷基础信息部分，包括性别、年龄、学历、工作年限、每天工作时长、部门类型、单位性质、职位、企业规模等。

变量	类型
性别	男
	女
年龄	25 岁以下
	25~30 岁
	31~35 岁
	36~40 岁
	41~45 岁
	45 岁以上

续表

变量	类型
学历	高中及以下
	专科
	本科
	硕士
	博士
工作年限	3 年以下
	3~5 年
	6~10 年
	11~15 年
	15 年以上
每天工作时长	8 小时以下
	8~10 小时（含 10 小时）
	10~12 小时（含 12 小时）
	12 小时以上
部门类型	生产相关业务部门
	研发相关业务部门
	市场营销业务部门
	财务部门
	人力资源部门
	后勤部门
	综合行政部门
	其他
单位性质	股份制企业
	国有企业
职位	普通员工
	基层管理者
	中层管理者
	高层管理者
企业规模	50 人以下
	50~200 人
	201~500 人
	501~1000 人
	1000 人以上

第二部分

请根据您的实际工作状态和自己的表现作答，圈出您认为最能代表您看法的数字。数字所代表的含义：1 为完全不符合；2 为不符合；3 为一般；4 为符合；5 为完全符合。

我生活中的大多数方面与我的理想很接近	1	2	3	4	5
我的生活非常有趣	1	2	3	4	5
大部分的时间内，我有感到真正快乐的时刻	1	2	3	4	5
我对自己的生活感到满意	1	2	3	4	5
如果有来世，我几乎不会改变目前的生活方式	1	2	3	4	5
我的生活状况非常好	1	2	3	4	5
我的工作非常有趣	1	2	3	4	5
总体来说，我对我从事的工作感到非常满意	1	2	3	4	5
我总能找到办法来充实我的工作	1	2	3	4	5
我对我具体的工作内容感到基本满意	1	2	3	4	5
对于我来说，工作会是很有意义的一场经历	1	2	3	4	5
我对从目前工作中获得的成就感基本满意	1	2	3	4	5
总的来说，我对自己是肯定的，并对自己充满信心	1	2	3	4	5
我很喜欢与家人或朋友深入的沟通，彼此了解	1	2	3	4	5
我对于日常生活中的许多事务都处理得很好	1	2	3	4	5
人们认为我肯付出且愿意和他人分享自己的时间	1	2	3	4	5
我善于灵活安排时间，以便完成所有工作	1	2	3	4	5
随着时间的流逝，我感到自己成长了很多	1	2	3	4	5
在单位里，通常别人做什么我就做什么，这样比较轻松	1	2	3	4	5
工作首先是要让领导满意，实际效果没那么重要	1	2	3	4	5
我会把简单的问题复杂化，让自己看起来很忙碌	1	2	3	4	5
即使没什么实际工作，我也要表现得很忙碌	1	2	3	4	5
在团队工作中，我经常暗自和同事比较工作时长	1	2	3	4	5
如果周围人不下班，那么我也不下班	1	2	3	4	5
被迫参与竞争的超负荷压力让我对未来的工作感到迷茫	1	2	3	4	5
工作中空耗时间的身心疲累让我感到倦怠	1	2	3	4	5

续表

单位内部工作细节方面无休止的过度竞争让我感到焦虑	1	2	3	4	5
我会因为没有完成比别人更多的工作量而感到不安	1	2	3	4	5
如果身边的人很努力，而自己没有努力的话，我会有负罪感	1	2	3	4	5
工作中低于预期的收益让我感到挫败	1	2	3	4	5
工作中我有很强的进取心，事事都要争当优秀	1	2	3	4	5
我觉得大家都会的技能，自己也必须掌握	1	2	3	4	5
我喜欢创造性工作，不喜欢做重复的事情（R）	1	2	3	4	5
我会因为周围人都很拼，所以自己也逼迫自己努力	1	2	3	4	5

附录 G　公司研发部门员工访谈提纲

一、访谈目的

了解公司研发部门员工工作内卷现象表现。

二、访谈规则

1. 访谈题目针对公司研发部门员工设置；

2. 访谈题目设置不涉及公司核心机密，如有关联公司涉密问题，可不作答或将数据做脱敏处理；

3. 访谈题目只用于学术论文研究，并严格执行保密条款。

三、访谈对话

1. 你有没有了解过工作内卷？你如何看待工作内卷现象？

2. 你认为工作内卷在工作场所的主要表现是什么？你能谈谈你自己或你同事的行为吗？

3. 在你看来，是什么因素导致工作内卷？这些因素是如何影响员工内卷化的？

4. 你认为你目前处于一种内卷状态吗？你能结合你的日常生活详细描述一下吗？

5. 如果你处于内卷状态，你认为内卷给你的心理和行为带来了什么变化？你是如何应对的？

附录 H 激励与内卷调查问卷

本问卷采取匿名形式填写，您提交的答案仅供学术研究，个人资料绝对保密，请放心。

提示：您的答案选择将直接影响研究结果的价值，请您根据自身情况真实地填写问题。感谢！

第一部分

个人基本情况。

1. 您的性别是：

A. 男　　　　　　　　B. 女

2. 您的年龄是：

A. 25 岁以下　　　　　　B. 25~30 岁　　　　　　C. 31~35 岁

D. 36~40 岁　　　　　　E. 41~45 岁　　　　　　F. 45 岁以上

3. 您的学历是：

A. 大专及以下　　　　　B. 本科　　　　　　　C. 硕士

D. 博士　　　　　　　E. 博士后

4. 您的工作年限是：

A. 3 年以下　　　　　　B. 3~5 年　　　　　　C. 6~10 年

D. 11~15 年　　　　　　E. 15 年以上

5. 您当前所在职位是：

A. 普通员工　　　B. 基层管理者　　　C. 中层管理者　　　D. 高层管理者

6. 您的婚姻状况：

A. 未婚　　　　　　　　B. 已婚

第二部分

根据您在单位的具体情况，请仔细阅读各个题项，并根据您的认同程度进行选择。

单位为我提供了有竞争力的薪水	1	2	3	4	5
单位为我提供了有竞争力的奖金	1	2	3	4	5
单位为我提供了高水平的住房、医疗等福利补贴	1	2	3	4	5
单位重视我的职业发展与晋升	1	2	3	4	5
单位为了我的职业发展培训我的知识和技能	1	2	3	4	5
单位能够为我创造机会来展现我的能力	1	2	3	4	5
就我的工作表现和努力程度而言，薪酬福利与职位晋升是公平的	1	2	3	4	5
与相同工作和职务的同事相比，薪酬福利与职位晋升是公平的	1	2	3	4	5
我认为单位薪酬福利与职位晋升决策的执行遵循公开透明原则	1	2	3	4	5
单位会对我的生活状况给予真正的关心	1	2	3	4	5
单位尊重我的工作目标和价值观	1	2	3	4	5
单位为我在工作中的成就感到骄傲	1	2	3	4	5

第三部分

下面您能看到一些关于您工作的描述。仔细阅读这些描述，确定您对所描述的工作的这些方面是否满意。

能够一直保持忙碌的状态	1	2	3	4	5
独立工作的机会	1	2	3	4	5
时不时地能做一些不同事情的机会	1	2	3	4	5
在团体中成为重要角色的机会	1	2	3	4	5
我的老板对待他/她的下属的方式	1	2	3	4	5
我的上司做决策的能力	1	2	3	4	5
能够做一些不违背我良心的事情	1	2	3	4	5
工作的稳定性	1	2	3	4	5

续表

能够为其他人做些事情的机会	1	2	3	4	5
告诉他人该做些什么的机会	1	2	3	4	5
能够充分发挥我能力的机会	1	2	3	4	5
公司政策实施的方式	1	2	3	4	5
我的收入与我的工作量	1	2	3	4	5
职位晋升的机会	1	2	3	4	5
能自己作出判断的自由	1	2	3	4	5
自主决定如何完成工作的机会	1	2	3	4	5
工作条件与环境	1	2	3	4	5
同事之间相处的方式	1	2	3	4	5
工作表现出色时，所获得的奖励	1	2	3	4	5
我能够从工作中获得的成就感	1	2	3	4	5

第四部分

内卷是指在高度数字化的后工业环境中，人们必须通过对自身行为的实时更新才能达到全面量化且不断提升的评价标准，从而导致部分行业和领域出现了非理性和非必要的过度竞争。

请根据您在单位感受到的工作内卷，回答下列问题。

1. 您感觉单位的工作内卷程度是：

［输入1（内卷程度最低）~10（内卷程度最高）的数字］

2. 您对内卷抱有怎么样的态度：

○主动参与

○被动接受

3. 如果感到内卷，您觉得是什么原因让您陷入内卷的：

○个人原因（成就动机、自我提升等）

○外部环境原因（工作环境、社会环境等）